Antje Balters

Neidlos glücklich
Frauen zwischen Freundschaft und Rivalität

Antje Balters

Neidlos glücklich

Frauen zwischen Freundschaft und Rivalität

SCHULTE & GERTH

© 2003 Gerth Medien GmbH, Asslar
Best.-Nr. 815 880
ISBN 3-89437-880-8
1. Auflage 2003
Umschlaggestaltung: Ursula Stephan
Titelfoto: GettyImages/Illustration Works
Satz: Typostudio Rücker
Druck und Verarbeitung: Ebner & Spiegel, Ulm
Printed in Germany

Für Silke,
eine Mutmacherin

Inhalt

Vorwort

Dieses Buch wurde geschrieben,

▷ für Frauen, für die es der schrecklichste Gedanke wäre, mit einer Freundin über alles zu reden.
▷ für Frauen, die sich genau das sehnlichst wünschen.
▷ für Frauen, die sich in Gesellschaft von Frauen unwohl, ausgeschlossen, klein und mickrig fühlen und davon die Nase voll haben.
▷ für Frauen, die sich fragen, wieso sie von anderen Frauen gemieden werden.
▷ für Frauen, die ständig meinen, alle Frauen packen's, nur sie nicht.
▷ für Frauen, die sich immer über ihre Kräfte hinaus anstrengen müssen, um ihren Wert zu beweisen.
▷ für Frauen, die viel Klatsch und Tratsch hören und verbreiten, sich dabei aber unwohl fühlen.

Dieses Buch ist für Frauen, die unterschwellig oder auch ganz direkt das Gefühl haben, ihre Beziehung zu Frauen könnte besser sein ...

... und nicht zuletzt für Männer, die es gut mit (ihren) Frauen meinen.

Manchmal stelle ich mir vor, wie es wäre, wenn nie wieder eine Frau über eine andere schlecht reden oder auch nur denken würde. Unvorstellbar, möchte man meinen, aber was, wenn man diesen Gedanken einmal einfach weiterspinnt.

Wir könnten dort tätig sein, wo wir es für richtig halten. Ausschließlich in der Familie und zu Hause, ausschließlich im Beruf – ohne Familie – oder in einer Verbindung aus beidem –, und niemand würde es bewerten, abwerten oder sich vergleichen, um am Ende besser dazustehen.

Wir könnten so aussehen, wie wir uns wohl fühlen, und bräuchten uns nicht mehr in die immer kleiner zugeschnittenen Konfektionsgrößen hineinzuhungern. Und Sport zu treiben bräuchten wir nur noch, weil es Spaß macht und gesund ist, und nicht mehr, um Fett zu verbrennen.

Wir könnten Gedanken und Gefühle äußern, ohne Angst haben zu müssen, von anderen auseinander genommen zu werden, und unsere Kinder – so wir denn welche haben – dürften sonntags so in den Gottesdienst gehen, wie sie wollten, weil die abgewetzten Jeans oder was auch immer sie gerade cool finden, nicht auf unsere Schlampigkeit als Mütter zurückgeführt würde.

Viele Hausarbeiten bräuchten und würden wir auch gar nicht mehr erledigen, weil es keine Rivalin gäbe, die sich möglicherweise besonders für die Bereiche unseres Haushaltes interessieren könnte, in denen wir unsere Schwächen haben. Es würde dann keiner mehr die Kenntnis dieser Schwächen gnadenlos ausnutzen, um selbst genau dort gut auszusehen und sich positiv abzuheben.

Stattdessen würden wir uns viel öfter trauen, unsere Gedanken und Gefühle zu äußern, könnten somit echter sein, hätten weniger Angst und wären deshalb auch gesünder. Ja, wenn wir Frauen aufhören würden, uns ständig zu vergleichen und gegenseitig klein zu machen, könnten mehr wunderbare Frauenfreundschaften entstehen, die uns bereichern und entlasten würden, und wir wären bestimmt glücklicher und zufriedener, was sich wiederum auf unser Umfeld – also auch auf unsere Männer und Kinder – positiv auswirken würde.

Ich wünsche mir das sehr und hoffe, dass dieses Buch einen kleinen Beitrag dazu leisten kann.

Einleitung

Im vergangenen Jahr habe ich meinen Geburtstag einmal anders gefeiert. Ich habe diesmal nicht die Frauen eingeladen, denen gegenüber ich mich aus irgendeinem Grund verpflichtet fühle oder von denen ich glaube, dass ich sie einladen muss, weil sie mich auch einmal eingeladen haben, weil sie Nachbarinnen sind oder weil sie eine Einladung einfach von mir erwarten. Stattdessen habe ich ein paar wenige Frauen zum Frühstück eingeladen, mit denen ich mich eng verbunden fühle. Diese Frauen spielen in meinem Leben eine wichtige Rolle, denn zu ihnen habe ich Vertrauen, ihr Wort und ihre Meinung bedeuten mir viel, und ich darf ihnen gegenüber auch offen sein, was meine Fehler und Schwächen angeht. Als ich die Namen dieser Frauen auf einer Liste beisammenhatte, stellte ich fest, dass es nicht sehr viele sind. Ob das wohl etwas über meinen Beliebtheitsgrad aussagt?

Es machte mir Spaß, den Tisch mit Blumen und Früchten spätsommerlich zu dekorieren, leckere Dinge zum Frühstück zu besorgen, und als alle da waren, schäumte ich für jede von ihnen einen Cappuccino auf.

Bezeichnenderweise hatte ich nicht so viel geputzt wie sonst, wenn unter meinen Gästen auch Frauen waren, mit denen mich im Grunde wenig verbindet. Ich habe einfach getan, was ich immer tue – putztechnisch gesehen –, nicht mehr und nicht weniger, und dadurch war ich dann auch relativ locker und gelassen, als meine Gäste eintrudelten.

Obwohl die Frauen sich untereinander nicht alle kannten, empfand ich die Atmosphäre als entspannt. Wir frühstückten, plauderten ein bisschen miteinander, und dann machte ich den Vorschlag, der mir schon seit längerem für eine solche reine Frauenrunde vorschwebte: Ich wollte gern mit diesen Frauen über ein bestimmtes Thema sprechen. Ich wollte nicht einfach weiterplaudern – auch wenn Plaudern so nett sein kann und dagegen nichts einzuwenden ist –, sondern ich wollte gerne mit ihnen darüber reden, wie sie Beziehungen zwischen Frauen erleben und wie sie sich diese Beziehungen wünschen.

Es war schon erstaunlich, wie sehr sich die Wünsche und Vorstellungen der Einzelnen ähnelten. Und ich staunte außerdem darüber, wie offen sich diese Frauen zu ihren Wünschen und Sehnsüchten äußerten. Ich spürte diese Sehnsüchte förmlich, aber spürbar war auch, wie oft sie bereits enttäuscht worden waren.

Interessant war, dass gleich mehrere Aspekte von fast allen anwesenden Frauen genannt wurden: Sie alle wünschten sich Vertrauen, das nicht zuletzt darin zum Ausdruck kommen sollte, dass ihre Freundinnen und Bekannten verschwiegen sein können und die ihnen anvertrauten Informationen weder ausplaudern und schon gar nicht als Waffe benutzen.

Alle wünschten sich, so stehen gelassen zu werden, wie sie sind: in ihrem Status als Familienfrauen oder ohne Kinder, als Verheiratete, Single oder als Alleinerziehende und mit ihren vollkommen unterschiedlichen Begabungen, die Kontaktfreude oder Introvertiertheit, Organisationstalent oder eher chaotisches Naturell und ihre ganz eigenen Temperamente mit einschließen.

Deutlich wurde auch die Sehnsucht aller Anwesenden nach Zugehörigkeit. So manche berichtete von Begebenheiten, in denen sie eigene Grenzen überschritten hatte, um dazuzugehören und sich nicht ausgegrenzt und isoliert zu fühlen. Gemeinsam war auch allen Anwesenden der Wunsch, als Person wahrgenommen und wertgeschätzt zu werden. Sie wollten anerkannt sein für das, was sie sind, und nicht nur für das, was sie leisten und tun. Ich spürte den Wunsch nach Barmherzigkeit mit den Fehlern und Macken der anderen und damit einhergehend, endlich aufhören zu können, sich zu verbiegen, um es allen recht zu machen oder gut dazustehen.

Und ich empfand ganz stark den Wunsch, der auch auf meiner Liste immer ein bisschen weiter nach oben rückt: Ich möchte so sein dürfen, wie ich bin, und trotzdem nicht aussortiert werden, durch den Rost fallen. Ich möchte dazugehören und akzeptiert sein, auch wenn ich nicht die Erwartungen aller oder auch nur einer Mehrheit erfüllen kann oder vielleicht gar nicht will. Ich möchte ich sein und trotzdem nicht „rausfliegen". Ich möchte offen sein können, ohne dass diese Offenheit für „Machtspielchen" missbraucht wird.

Ich freute mich, dass an diesem Vormittag bei mir zu Hause etwas in dieser Richtung stattfinden konnte. Sicher ist Ihnen nun verständlich, dass ich den Wunsch nach einem häufigeren Erleben dieser Atmosphäre und Grundstimmung hatte, den Wunsch danach, dass unter Frauen eine solche Entspanntheit normaler wird.

Meinen Freundinnen hat es auch gefallen.

Es gibt solche Runden, in denen man (weitgehend) offen sein kann und das Gefühl hat, so sein zu dürfen, wie man wirklich ist. Aber solche positiven Erfahrungen und Erlebnisse werden leider oft ganz schnell von Alltagsvergleichen in Haushalt, Fitnessstudio, Schule und Beruf wieder überlagert.

Ich erlebe hin und wieder solche Frauenzusammenkünfte, sei es mit einzelnen Frauen oder auch in Gruppen, in denen ich eine Ahnung davon bekomme, wie sich das Leben von Frauen und damit auch ganzer Familien entspannen könnte, wenn wir Frauen miteinander offener, herzlicher und mit weniger Neid und Rivalität umgehen könnten.

Nur kurze Zeit nach diesem positiven „Frauenerlebnis" erlebte ich Folgendes:

Eigentlich hätte ich zu dieser Abendeinladung gerne das fließende Viskosekleid angezogen, in dem ich mich so wohl fühle. Aber all die anderen Frauen, die auch zu diesem Fest kommen würden, waren so stilsicher, und ich wollte bei der Party nicht auflaufen wie die Mutti vom Dienst. (Was wäre daran eigentlich so schlimm gewesen?) Also zog ich alles wieder aus, die schwarze Stretchhose an – mit Schwarz kann man nichts falsch machen – und möglichst auch was Schwarzes obenrum – das macht schlank. Ach nee, das war auch irgendwie ...

Nachdem der Haufen mit den verworfenen Outfits auf meinem Bett schon so hoch war, dass er bedrohlich schwankte, entschied ich mich endlich aufgrund lautstarken Drucks meines wartenden Liebsten ("Wir müssen lohos!") für irgendetwas, das ich zuvor schon mehrmals aus den verschiedensten Gründen verworfen hatte.

Mit eher magerem Selbstwertgefühl kam ich bei der Party an, denn ich wusste, dass auch Frauen da waren, die ich nicht gut kannte. Und es würden auch solche dort sein, bei denen ich ständig den Eindruck hatte, dass sie mich sehr kritisch betrachten und nichts dagegen hätten, wenn mir mal ein Missgeschick passieren würde. Wie gesagt, das war mein Gefühl – das wiederum eigentlich auch nur durch Gefühle und nicht durch Fakten untermauert war.

Während der Party begutachteten sich denn auch wie erwartet alle Frauen gegenseitig – lächelnd, versteht sich. Als ich dann endlich eine gute Freundin entdeckte, erzählte ich ihr sofort von meiner zweistündigen Kleiderschrankodyssee, worauf sie ziemlich cool entgegnete: "Wetten, dass mindestens zwei Drittel der Frauen hier in den letzten zwei Stunden dasselbe erlebt haben?"

An dieser Begebenheit wird deutlich, dass ich mich weder für meinen Mann noch für den Anlass, noch für die Gastgeber schön gemacht hatte, sondern eher, weil ich gut dastehen und "stylingtechnisch" im grünen Bereich sein wollte. Und nicht zuletzt wollte ich keine Zielscheibe für spöttische Blicke und Lästerei bieten.

In einem Winkel meiner Frauenseele lauert sie bisweilen immer noch, die Furcht vor dem Spott, der Häme und der Schadenfreude meiner Geschlechtsgenossinnen, und je unsicherer und dadurch abhängiger ich von deren Urteil bin, desto größer ist die Gefahr, dass ich lieber ins Täterlager wechsele, als selbst Opfer zu sein.

Mal ehrlich: Gehen Sie ganz locker in den Mutter-Kind-Kreis, die Krabbelgruppe, zum Eltern- sprich Mütterabend im Kindergarten oder in der Schule, ins Fitnessstudio oder manchmal auch nur in die Kantine an Ihrem Arbeitsplatz, wo hauptsächlich Frauen arbeiten? Ich muss gestehen, dass ich jahrelang mit gemischten, ja eher bangen Gefühlen solche Gruppen und Orte aufgesucht und dabei sowohl die Täter- als auch die Opferrolle kennen gelernt habe.

Denn wie soll ich es verstehen, wenn mir eine Frau am Tag nach der Geburt unserer Zwillinge im Klinikaufzug schamlos auf den noch vorhandenen Restbauch starrt und wohl in der Annahme, ich hätte die Entbindung noch vor mir, süffisant bemerkt, ich solle doch vielleicht lieber die Treppe benutzen? Wie geht man mit so einer Bemerkung um?

Ich jedenfalls war über diesen Übergriff so verblüfft und auch betroffen, dass mir als Reaktion nichts Geistreicheres einfiel als die Wahrheit, dass ich nämlich in der Nacht zuvor Zwillinge zur Welt gebracht hatte. Mit Genugtuung beobachtete ich, wie der Frau die Schamesröte vom Hals aufwärts stieg, und ich genoss die Tatsache, dass sie nicht einfach weglaufen konnte.

Diese Situationen hat dieselbe Frau erlebt, die mit ihren Freundinnen am Geburtstag das Gespräch über positive Frauenbeziehungen geführt hat – wie gesagt, die Grenzen zwischen der Täter- und Opferrolle sind oft fließend.

Bleibt zu fragen, was eigentlich immer wieder zwischen unsere Wünsche und Sehnsüchte und die Alltagsrealität gerät. Wodurch wird die Erfüllung dieser Sehnsucht nicht nur bei mir immer wieder verhindert? Und was kann ich konkret tun, was muss geschehen, damit Rivalität aufhört?

Um auf diese Fragen Antworten zu bekommen, habe ich mich mit den folgenden anderen Fragen auseinander gesetzt und mich dadurch dem Phänomen angenähert:

1. Woran erkenne ich eigentlich Rivalität?
2. Rivalität von der Wiege bis zur Bahre?
3. In welchen Bereichen toben wir uns in Sachen Rivalität bevorzugt aus?
4. Wo liegen die Ursachen von Rivalität?
5. Was bedeutet uns die Busenfreundin?
6. Was ist wirklich wichtig?
7. Wie geht Jesus mit Rivalität um?
8. Gibt es überhaupt Frauen, die nicht miteinander in Konkurrenz stehen?

Bei meinem Versuch, diese Fragen zu beantworten, handelt es sich weder um eine wissenschaftliche Abhandlung, noch besteht ein Anspruch auf Vollständigkeit oder Allgemeingültigkeit. Es sind vielmehr niedergeschriebene Beobachtungen einer Betroffenen, deren Sehnsucht darin liegt, ein erfülltes Leben in befriedigenden Beziehungen zu Frauen, Männern und Kindern und vor allem zu ihrem Schöpfer zu führen.

Kapitel 1

Rivalität und ihre Spielarten, oder: Woran erkenne ich eigentlich Rivalität?

Auslöser dafür, mich mit dem Thema Rivalität unter Frauen zu beschäftigen, war folgendes Erlebnis, das ich im vergangenen Sommer im Umkleideraum unseres Freibades hatte:

Es war etwa 16.00 Uhr nachmittags. In dem Umkleideraum befanden sich außer mir noch zwei weitere Frauen mit jeweils einer etwa achtjährigen Tochter. Die beiden Mädchen nahmen allem Anschein nach an einem Schwimmkurs teil. Die Tür zum Umkleideraum ging auf und es kam ein weiteres etwa achtjähriges Mädchen herein, das offenbar ebenfalls zu dem Kurs gehörte – allein.

Die Mutter eines der beiden Mädchen kannte die Hinzugekommene und fragte: „Konntest du letztes Mal nicht kommen? Wenn dein Papa oder deine Mama dich mal nicht bringen können, brauchst du nur Bescheid zu sagen, dann nehmen wir dich gerne mit."

Das angesprochene Mädchen brummelte irgendetwas Unverständliches als Antwort und begann sich umzuziehen.

Die Frau fragte weiter: „Wer hat dich denn heute gebracht?"

Antwort des Mädchens: „Papa."

Die Frau ließ jedoch nicht locker und fragte weiter: „Und was macht deine Mama?"

„Die schläft!", antwortete das Mädchen knapp.

Wie gesagt, es war etwa 16.00 Uhr nachmittags. Und es folgte etwas, das ich als verhängnisvolles Schweigen empfand.

Lange.

Dann platzte es aus der anderen, bisher nicht zu Wort gekommenen Mutter mit ebenso vorwurfsvollem wie überfordertem Unterton heraus: „Na das möchte ich aber auch mal!!!"

Die Tochter der so beneideten Mutter blickte irritiert auf, denn der Ton, in dem dieser „Wunsch" geäußert wurde, hatte etwas ausgesprochen Mehrdeutiges, vor allem waren jedoch Kritik und Missfallen herauszuhören.

Weil ich irgendwie auf eine solche Reaktion vorbereitet gewesen war, blieb ich ganz ruhig.

Aber dann legte die andere Mutter erneut los: „Also, ich habe ja auch ein bisschen geschlafen, aber ich bin schließlich auch berufstätig."

Und so ging es dann zwischen den beiden Müttern in einer Mischung aus Selbstgerechtigkeit, Überforderung und Neid weiter.

Als die erste Mutter schließlich anfing, sich über das schöne faule Leben der Hausfrauen auszulassen – zu denen die Gescholtene allem Anschein nach gehörte –, konnte ich es nicht mehr aushalten, mir das Ganze weiterhin schweigend anzuhören, und sagte: „Es ist doch ganz wunderbar, wenn diese Frau sich ausruht, denn davon hat letztlich die ganze Familie etwas – sie selbst, das Kind und auch der Mann, denn wahrscheinlich ist doch das Zusammenleben einfacher und entspannter, wenn alle ausgeruht sind und sich wohl fühlen. Und darüber hinaus", so fuhr ich fort, „ist meiner Meinung nach das Leben der Familienfrauen nicht weniger anstrengend als das berufstätiger Frauen, denn in aller Regel bekommt man als Hausfrau weder viel Anerkennung noch Aufmerksamkeit, ganz zu schweigen von einem angemessenen Gehalt. Außerdem ist man rund um die Uhr gefordert und muss permanent präsent sein, ohne geregelte Arbeitspausen oder Urlaub zu bekommen, von ein wenig Lob und Anerkennung brauche ich erst gar nicht zu reden. Oft kommt noch dazu, dass man

*intellektuell eher unterfordert ist und man seine eigenen
Bedürfnisse auf diesem Gebiet aus Zeitmangel nicht befrie-
digen kann."*

*Das fand die angesprochene Mutter ganz und gar nicht,
sondern beharrte auf ihrer Meinung, Hausfrauen hätten's
doch wirklich gut, auf jeden Fall besser als ihre berufstä-
tigen Geschlechtsgenossinnen.*

*Ich merkte, dass sie mich bereits in die besagte, so offen-
sichtlich von ihr abgelehnte Kategorie der „Nur-Haus-
frauen" einsortiert hatte. Deshalb verließ ich den Umkleideraum, ohne noch etwas zu sagen, und schwamm meine
Bahnen.*

*Als kurz darauf dieselbe Frau mit ihrer Tochter an das
Becken kam, hatte ich den Eindruck, dass sie ziemlich ver-
ärgert war, als sie sah, dass ich richtig gut schwimmen
kann.*

Weshalb mich diese Szene auf die Idee zu diesem Buch
brachte, wurde mir erst nach einiger Zeit klar: Sie enthält
eine Vielzahl von Aspekten, die für die Art, wie Frauen
miteinander rivalisieren, typisch sind:

▷ Die Rivalin kennt ihre Gegnerin oft gar nicht und deshalb auch nicht ihre Lebensumstände. In dem gerade
  geschilderten Zusammenhang bedeutet dies, dass die
  zweite Frau, die angeblich so gern auch mal nachmittags
  um vier geschlafen hätte, die von ihr beneidete Frau gar
  nicht persönlich kannte. Es wäre ja auch durchaus möglich gewesen, dass die so sehr Beneidete Nachtschicht
  gehabt und die ganze Nacht gearbeitet hat. Sie benutzt
  also ihre völlig subjektive Vorstellung von den Lebens-
  umständen dieser Frau, um sich selbst in ein gutes Licht
  zu rücken und aufzuwerten.
▷ Der Kampf findet überwiegend auf dem Minenfeld des
  Nichtgesagten statt. Die beteiligten Frauen wussten genau, was die zweite Mutter meinte, als sie sagte: „Das

möchte ich aber auch mal." Sie sagte nämlich indirekt: „Die Frau, die sich einfach nachmittags hinlegt, ist eine faule Socke. Ich tue das nicht (obwohl ich es doch so gern möchte) und deshalb bin ich tüchtiger, fleißiger – einfach besser als sie." Sie formulierte also einen Wunsch (den sie vielleicht noch nicht einmal wirklich hatte), um die andere ab- und sich selbst gleichzeitig aufzuwerten. Und alle Beteiligten wussten genau, was gemeint war.

▷ Es gibt bestimmte, ebenfalls unausgesprochene Standards. Der in diesem Beispiel gesetzte Standard lautete: „Nachmittags um vier zu schlafen und den Mann das Kind zum Schwimmkurs fahren zu lassen ist schlecht." (Warum auch immer?) Es gibt unzählige solcher Standards, die in den unterschiedlichen Frauengruppierungen variieren können.

▷ Ein weiterer Aspekt im Rivalitätsverhalten von Frauen besteht darin, dass diejenige am besten (tüchtigsten) ist, die es am schwersten hat, frei nach dem Motto: Leiden adelt. Diese Seite von Rivalitätskämpfen wird besonders gut deutlich, wenn junge Mütter über ihre schweren Geburten erzählen und damit Erstgebärende in Angst und Schrecken versetzen, statt auch einmal einzugestehen, dass eine Geburt zwar oft kein Spaziergang ist, aber durchaus zu überleben – wie der Fortbestand der Spezies Mensch ja hinlänglich belegt. In dem Schwimmbadbeispiel haben es beide Frauen auf jeden Fall schwerer als die nichtanwesende Schläferin. Die eine, weil sie ja auch noch berufstätig ist, die andere, weil sie es sich nicht – wie die Schläferin – leisten kann, eine Pause zu machen.

▷ Die eigenen Vorstellungen bestimmen das Bild, das man von der anderen hat. Im eben erwähnten Beispiel wird das daran deutlich, wie verblüfft, ja fast empört die erstgenannte Frau war, als sie feststellte, dass ich gut schwimmen konnte. Das hatte sie nicht gedacht und es passte nicht in ihre Vorstellung von einer „Hausmutti", für die sie mich hielt.

▷ Und ein letzter Aspekt: Reden über Nichtanwesende ist ein Grundbestandteil weiblicher Rivalitätskämpfe.

Was Rivalität also im Tiefsten ausmacht, ist das Vergleichen. Rivalität beginnt immer damit, dass ich mich mit einer anderen Frau vergleiche und dabei besser abschneiden möchte. Es gibt einige wenige Frauen, die dagegen fast immun sind, die so sehr in sich ruhen und sich ihrer selbst und ihres Wertes so sicher sind, dass sie nicht vergleichen, aber leider gibt es von diesen Frauen nur sehr wenige. Und wenn ich eine dieser wenigen wäre, würde ich wahrscheinlich kein Buch zum Thema Rivalität schreiben, denn dann wäre Rivalität kein Thema für mich.

Während ich an diesem Kapitel arbeitete, fielen mir weitere, teilweise grotesk offenkundige Beispiele für praktizierte Rivalität in offensichtlicher oder sehr subtiler Ausprägung ein.

So sind sich zwei weibliche Gäste in der NDR Talkshow, Christine Westermann und die Frau des RTL-Nachrichtenmannes, Georgia Klöppel, nicht zu schade, während des Gespräches aufzustehen und zu vergleichen, wer von ihnen den dickeren Po hat. Natürlich behaupten beide – man ist ja höflich und bescheiden –, der ihre sei der dickere.

Auch der Auftritt von Verona Feldbusch und Alice Schwarzer in der Talkshow von Johannes B. Kerner hat eine Menge mit Rivalität zu tun. Hier wird das Konkurrenzdenken zwischen Frauen medienwirksam inszeniert, und beide merken scheinbar nicht einmal, wie sie von der Medienindustrie zu Profitzwecken missbraucht werden, sodass ihnen am Ende nichts als Beschämung bleibt. Denn beide können nur alt aussehen, wenn sie derart vorgeführt werden. Einzig positiv an diesem Auftritt war vielleicht, dass er sich für sie materiell positiv auswirkte.

Rivalität kann aber auch im ganz Kleinen stattfinden und in ihrer Absurdität richtig komische Züge annehmen. So beschreibt die amerikanische Autorin Anne Lamott eine Szene, in der sie ihren vierjährigen Sohn bei einem gleichaltrigen Freund vom Spielen abholt. Sie kann die Mutter des Freundes nicht besonders gut leiden, weil diese erstens gertenschlank ist und das auch schamlos zur Schau stellt, indem sie stets hautenge Hosen und knappe Tops trägt, und weil sie zweitens auch noch äußerst tüchtig und kompetent ist. Sie bringt die geliehenen Bücher stets rechtzeitig in die Bibliothek zurück, hält alle Termine ein, nimmt an jedem Elternabend teil, weiß, welche Hausaufgaben ihre Kinder zu erledigen haben, ist hilfsbereit und freundlich und hat zu allem Überfluss auch noch einen tadellos gepflegten Haushalt – in dem es oft nach frisch gebackenem Kuchen riecht.

Als Anne Lamott nun ihrem Sohn beim Schuhanziehen hilft, sieht sie neben den Schuhen ihres Kleinen die von dessen Freund stehen und stellt bei einem Blick darauf mit Genugtuung fest, dass die Füße ihres Sohnes bereits größer sind!

Mir hat es gefallen, wie die Autorin diese Szene beschreibt. Denn einer an sich peinlichen Situation – dem Rivalisieren mit einer Konkurrentin über die Größe der Füße unserer Kinder – wird die Schärfe genommen, indem Anne Lamott sich selbst humorvoll auf die Schippe nimmt. Sie zerfleischt sich nicht selbst, sondern zeigt auf, welche absurden Dimensionen unser Vergleichen manchmal annehmen kann.

Ich finde es tröstlich zu wissen, dass ich nicht die Einzige bin, die solche „unmöglichen" Gedanken und Gefühle kennt. Und indem sich eine Frau auf diese Weise „outet", kann ich mich selbst ein bisschen besser annehmen – auch mit meinen ganz persönlichen Unmöglichkeiten.

Ich empfinde diese Geschichte in ihrer Offenheit als sehr versöhnlich, und zwar was meine Beziehung zu mir selbst angeht. Und diese Versöhnung mit mir selbst und meinen Schwächen kann auch ein erster Schritt zur Versöhnung mit anderen – sogar mit meinen Geschlechtsgenossinnen – sein.

Aber oft ist unsere Rivalität miteinander auch dermaßen gut verpackt und dadurch getarnt, dass sie erst auf den zweiten Blick zu erkennen ist. So erzählte mir kürzlich eine Freundin, dass eine Bekannte gesagt hätte, was für eine Perle von Mann sie doch habe, weil er nämlich während einer längeren Krankheit ihrerseits den gesamten Haushalt geschmissen hatte inklusive Kochen, Putzen und Bügeln. Meine Freundin hatte sich über den Kommentar sehr geärgert. Denn sie hatte den Eindruck, dass Männer viel zu schnell gelobt werden für Dinge, die man bei Frauen als absolut selbstverständlich betrachtet.

Wenn ich solche Komplimente über meinen Mann höre – was durchaus vorkommt –, bin ich meist eher misstrauisch. Denn nicht selten verachten Frauen, die solche „Komplimente" verteilen, im Grunde jene Männer, die bügeln und Wäsche aufhängen, und bezeichnen sie als Softies oder Weicheier. Es geht nämlich in Wirklichkeit gar nicht um den Mann, sondern darum, sich selbst aufzuwerten. Das wiederum geht natürlich besonders gut vor einem Hintergrund, der den Kontrast besonders hervorhebt.

Frauen beharken sich nicht direkt. Sie schleichen stattdessen umeinander herum und verteilen Spitzen, deren Wirkung manchmal erst nach Tagen einsetzt. Till Raether beschreibt das wunderschön in einer Kolumne der Zeitschrift Brigitte. Es heißt dort:

Ein Mann macht ... seine Feinde zur Sau, indem er sie beim Chef mies macht oder sie an der Ampel mit quietschenden Reifen stehen lässt. Und eine Frau, indem sie am Telefon mit ihrer aktuellen besten Freundin über die zweitbeste lästert.[*]

---

[*] In Brigitte, Heft 4, 05.02.2003, S. 55.

Aber es begegnet mir häufig noch eine weitere, ebenfalls unterschwellige, aber sehr zerstörerische Art von Rivalität. Auch hier wieder ein Beispiel:

Nach der Geburt unserer Zwillinge nahm ich an einem Kurs für Rückbildungsgymnastik teil, der von einer sehr netten Hebamme geleitet wurde. Jedes Mal, wenn wir als Gruppe zusammenkamen, richtete sie den Raum schön her, zündete Kerzen und Duftlampen an, dämpfte das Licht und ließ leise Musik spielen. Das ist vielleicht nicht jedermanns Sache, aber den meisten von uns gestressten Säuglings-müttern gefiel es. Wir fanden es behaglich und es trug er-heblich zu unserer Entspannung bei, die teilweise auch zum Ziel des Kurses gehörte.

Nun traf es sich, dass vor unserer Rückbildungsgym-nastik stets eine Gruppe der Rheumaliga in diesem Raum zusammenkam. Die Teilnehmerinnen dieses Kurses be-kamen natürlich mit, was die Hebamme vorbereitete, und etliche der überwiegend älteren Damen konnten es absolut nicht ertragen, dass wir es so gut hatten. Bemerkungen wie: „Na, so was hat es bei uns früher aber nicht gegeben. Die sollen lieber ordentlich turnen, statt es sich gut gehen zu lassen", oder: „Und so was wird auch noch von der Kasse bezahlt ...", waren die übliche Begrüßung, wenn wir im Umkleideraum aufeinander trafen.

Hier handelt es sich ebenfalls um einen Klassiker im Be-reich Konkurrenzgebaren und zwar um die Einstellung, seinem Gegenüber nicht einmal das Schwarze unterm Fin-gernagel zu gönnen. Als ginge es einem besser, wenn man verhindert, dass es die andere gut hat. Verliererin ist dabei letztlich immer die Missgünstige selbst.

All diese Formen des Rivalisierens haben denselben Effekt gemeinsam: Durch sie wird verhindert, dass ich bei mir selbst bin, mich an dem erfreue, was ich habe, mich entspannen und anschauen kann, was mein Leben reich

macht, wo es gut ist und was rund läuft. Bei all den beschriebenen Formen des Rivalisierens bleibe ich selbst als
Opfer auf der Strecke, weil ich mich ständig abmühen
muss, um gut dazustehen. Ich stehe mit mir selbst auf
Kriegsfuß, weil es mir offenbar unmöglich ist, mich so anzusehen und stehen zu lassen, wie ich bin.

Kapitel 2

Wie alles anfängt, oder: Rivalität von der Wiege bis zur Bahre?

Kürzlich las ich ein Zitat der Soziologin Christiane Schmerl, in dem es heißt:

Das häufigste Ziel weiblicher Aggression ist eine andere Frau ... das häufigste Motiv aber sind Männer und ihr Verhalten.[*]

Wenn ich Frauen frage – und das tue ich relativ oft, seitdem ich mich mit dem Thema Rivalität unter Frauen beschäftige –, wie sie sich Beziehungen zwischen Frauen wünschen, dann kann ich nicht umhin, über die unglaubliche Diskrepanz zwischen Wunsch und Wirklichkeit zu staunen, wenn ich mich gleichzeitig umschaue und beobachte, wie Frauen oft tatsächlich miteinander umgehen.

Ich habe mir deshalb auch die Frage gestellt, wann das Rivalisieren zwischen Frauen eigentlich beginnt. Gibt es überhaupt einen konkreten Anfang? Rivalisieren bereits kleine Mädchen miteinander oder ist das eher Jungensache? Und wenn Mädchen miteinander konkurrieren, tun sie es dann anders als Jungen?

Worum geht es in Rivalitätskämpfen und hört das Rivalisieren irgendwann auf – oder bleibt es tatsächlich von der Wiege bis zur Bahre bestehen?

Wenn ich auf die Frage, zwischen welchen Frauen typischerweise Rivalität herrscht, spontan antworten sollte, möchte ich am liebsten sagen: „So wie ich es beobachte

---

[*] Zitiert aus: Brigitte Kalender 2003, Text vom 21.02.

und empfinde, eigentlich zwischen allen Frauen." Aber ich möchte diesem Empfinden doch ein wenig mehr auf den Grund gehen und einmal die Phasen im Leben einer Frau betrachten und untersuchen, ob häufig Rivalität herrscht, und wenn ja, weshalb und in welcher Form sie auftritt.

Ihre ersten Rivalitätserfahrungen machen kleine Mädchen oft mit der eigenen Mutter und zwar im Zusammenhang mit dem Mann in der Familie, dem Ehemann beziehungsweise dem Vater. Mir ist durchaus bewusst, dass ich hier an einem Tabu rühre, aber meiner Meinung nach existiert eine solche Rivalität in bestimmten Lebensphasen fast immer. Je intakter dabei das Selbstwertgefühl der Ehefrau und Mutter ist und je sicherer sie in ihrer Rolle ruht, desto souveräner kann sie mit dieser Situation umgehen. Sie kann zulassen, dass das Bedürfnis des kleinen Mädchens, dem Papa zu gefallen, ganz normal ist. Wenn sie darüber hinaus ihre Position in der Familie kennt, nämlich ihren Platz als Ehefrau und Mutter und nicht als beste Freundin der Tochter, und wenn sie nicht auf die Anerkennung der Tochter angewiesen ist, um sich wertvoll und sicher zu fühlen, dann ist diese Art der Rivalität nur ein Aspekt der Entwicklung des Kindes, den es zu bewältigen hat, einschließlich der Erfahrung, dass Papa als Mann zur Mama gehört und als Papa zu ihr.

Ist sich die Mutter jedoch weder ihres Wertes als Person und Frau noch ihrer Position in der Familie sicher, muss sie um jeden Preis und möglichst ständig die Anerkennung und Bestätigung sowohl der Tochter als auch des Mannes bekommen. Begibt sie sich außerdem mit ihrer Tochter auf dieselbe Ebene, um sich dort mit ihr zu messen, was die Aufmerksamkeit des Vaters und Ehemanns angeht, dann ist es durchaus möglich, dass Rivalität auch für die Tochter zum Lebensthema wird.

Damit sich ein Mädchen in seiner Position als Tochter und als Kind sicher fühlen und darauf vertrauen kann, dass es nicht die Verantwortung für die Beziehungen innerhalb der Familie trägt, muss die Mutter diese kleinen Rivalitäten stets gewinnen. Dies ist dadurch gewährleistet, dass sie klarstellt, dass nur sie Papas Frau und Liebste ist und dass es zwischen Mama und Papa eine Beziehungsebene gibt, zu der das Kind keinen Zutritt hat – weil es eben ein Kind ist. Die Mutter muss wissen, dass ihr Kind seinen Vater lieb hat und natürlicherweise seine Aufmerksamkeit will, dass das mit ihrem Wert als Mutter aber nichts zu tun hat und sie deshalb ganz gelassen bleiben kann.

Erfährt die Tochter diese Sicherheit nicht, weil es der Mutter an Selbstwertgefühl mangelt und sie sich deshalb mit dem Kind auf die bereits erwähnte Vergleichsebene begibt, fühlt sich die Tochter zutiefst unsicher und muss sich Sicherheit verschaffen, indem sie immer wieder Grenzen sucht oder bestehende Grenzen testet. Auch dieses Austesten besitzt häufig Züge von Rivalität.

Mutter-Tochter-Rivalität hat es schon immer gegeben und diese Art der Rivalität wird auch weiter existieren. Die Tatsache jedoch, dass dieser Aspekt der Mutter-Tochter-Beziehung weitgehend tabuisiert wird, trägt nicht unerheblich dazu bei, dass Mütter ebenso wie Töchter über Bedeutung und auch Wertung dieser Rivalität häufig so verunsichert sind, dass es zu einer Art Rivalitätswildwuchs kommt, der bisweilen für alle Parteien (auch für die Väter und Ehemänner) beängstigende Formen annimmt. Die Mutter-Tochter-Rivalität darf es offiziell eigentlich nicht geben, aber es gibt sie und im Grunde ist sie auch vollkommen „ungefährlich". Die Mutter muss nur als erwachsene und gereifte Persönlichkeit wissen, wer sie ist, und ihr muss bewusst und klar sein, dass das Konkurrenzverhalten der Tochter zum Reifungsprozess des Erwachsenwerdens dazugehört.

Festzuhalten bleibt: Es geht um einen Mann (siehe Zitat oben).

Das kleine Mädchen wird größer, wächst zum Teenager heran und hat wahrscheinlich Freundinnen, oft auch eine beste Freundin. Unter Mädchen dieses Alters geht es meistens darum, wer am besten aussieht und am beliebtesten ist, wobei häufig diejenige am beliebtesten ist, die am besten aussieht, bzw. am ehesten den gerade aktuellen Teenieidolen entspricht.

Es geht darum, wer die meisten (besten) Freundinnen hat. Und weil man inzwischen auch schon mal zu testen anfängt, welche Wirkung man auf Jungen hat, kommt es bereits im frühen Teenageralter auch in dieser Richtung zu Rangeleien.

Die beliebtesten Mädchen haben dann oftmals als erste einen Freund, worum sie von den „zurückgebliebenen" anderen Mädels glühend beneidet werden. Einen Freund zu haben – und das möglichst früh – macht was her und verleiht Status. Die bis dahin beste Freundin wird zu diesem Zeitpunkt oft gegen den ersten Freund ausgetauscht.

Wir halten fest: Es geht um Männer.

Wir werden älter, machen eine Ausbildung, gehen in den Beruf, machen vielleicht Karriere, und jetzt herrscht Rivalität zwischen Kolleginnen. Fragt man einmal Frauen, die hauptsächlich mit weiblichen Kollegen zusammenarbeiten, wie eine solche Zusammenarbeit aussieht, kann man die abenteuerlichsten, leider meistens nicht sehr schönen Geschichten hören. Häufig geht es bei Rivalität unter Frauen am Arbeitsplatz darum, gut anzukommen, beim Chef besser angesehen zu sein, ihn sowohl in Sachen berufliche Kompetenz als auch durch Aussehen und Auftreten zu beeindrucken. Und die Chefs sind auch heute noch überwiegend – richtig: Männer.

Wir bleiben eine Weile im Beruf, heiraten dann häufig und gründen eine Familie. Der Kinder wegen bleiben wir zu Hause, weil wir alles ganz richtig machen wollen. Wir gründen Krabbelgruppen, engagieren uns in Kindergarten und Schule – wollen, dass unsere Kinder die besten, größten und tollsten sind, und das erkennt man daran, dass unsere Kinder als Erste durchschlafen, als Erste trocken sind und zum Ballett, Tennis und Reiten gehen. Wir sind auch als Familienfrauen tüchtig und kompetent – das sieht doch jeder. Hoffentlich auch unser Mann.

In dieser Phase sind wir oft ungeduldig und etwas deprimiert, weil wir von Männern wenig Rückmeldung bekommen, denn wir haben es in dieser Lebensphase überwiegend mit Frauen zu tun. Es drängt uns zurück in den Beruf, dorthin, wo wir wahrgenommen werden, Rückmeldung auf unser Tun und oft auch ein bisschen Anerkennung bekommen, und sei es nur in Form eines monatlichen Gehalts.

In dieser Phase, in der wir wegen der Kinder zu Hause bleiben, geben wir uns große Mühe, möglichst gut auszusehen (besser als andere), wir pflegen uns (damit wir besser aussehen als andere), sorgen für ein schönes Heim (schöner als das von anderen) und dafür, dass die Kinder nicht zu große Probleme machen, damit unser Mann auch bei uns bleibt, sich wohl fühlt und sich nicht (man hört das ja so oft) was Jüngeres und Unkomplizierteres sucht. Wenn wir das Gefühl haben, in unserer Rolle als Familienfrau nicht zu genügen oder nicht mehr so attraktiv zu sein wie andere, sitzt uns die Angst im Nacken, dass unser Partner eben einfach gehen könnte.

Wir haben jetzt einen Mann, müssen aber alles tun und uns oft auch sehr abmühen, damit er bleibt. Es geht – wie gesagt – um Männer.

Steigen wir nach der Familienpause dann wieder in den Beruf ein, kann Rivalität noch einmal eine ganz andere Qualität bekommen, denn wir sind jetzt keine 20 mehr, müssen uns mit dem Gedanken vertraut machen, dass unser Körper altert, dass die Männerblicke anderen, jüngeren Frauen und nicht mehr uns folgen. In Kinofilmen, in der Werbung – wo wir auch hinsehen – sind die Frauen jünger, knackiger, freundlicher, williger als wir – und darum geht es doch, oder? Wer fragt schon nach Weisheit und Lebenserfahrung? Das macht so manche von uns richtig wütend.

Irgendwie möchten wir gern beweisen, dass wir immer noch etwas wert sind. Nicht selten tun wir das, indem wir mit den Jüngeren rivalisieren und ihnen zeigen wollen, dass wir den Durchblick haben und damit Recht. Wir bestehen darauf, dass wir uns kein X für ein U vormachen lassen und dass es auch immer noch Männer gibt, die sehen *und* denken können und die sich deshalb für uns interessieren. Denn je mehr sich der Jugendkult durchsetzt und je mehr es durch Kosmetik und chirurgische Eingriffe möglich wird, sein jugendliches Aussehen zu konservieren, desto dringlicher scheint auch bei älteren Frauen der Wunsch zu werden, noch einmal zu beweisen, dass man für Männer anziehend ist – wenn's geht, sogar für einen jüngeren. Man möchte allen noch einmal zeigen, dass man durchaus in der Lage ist, sogar jüngere Rivalinnen aus dem Feld zu schlagen.

Allerdings geschieht es Gott sei Dank in dieser Phase auch immer wieder, dass uns aufgeht, was wir uns eigentlich mit dem Vergleichen, dem Kämpfen, dem Machtgetue und dieser ewigen Anstrengung, besser oder möglichst die Beste zu sein, antun. Wir haben die Erfahrung gemacht, dass uns dieses lebenslange Kämpfen viel Kraft und Nerven gekostet hat, dass es Beziehungen zu Frauen – und auch zu Männern – geschädigt und manchmal sogar vollständig zerstört hat. Zum Glück haben wir bis zu diesem Zeitpunkt wieder das Gefühl, dass wir uns nicht vergleichen müssen, weil wir sind, wie wir sind, und auch so sein dürfen.

Manchmal ergibt sich daraus eine heitere Gelassenheit, die uns und unser Umfeld erheblich entlastet. Elke Heidenreich, die zu meinen Lieblingsautorinnen gehört, hat über diese Sorte von Frauen eine wunderbare BRIGITTE-Kolumne geschrieben, in der es unter anderem heißt:

... ich kenne eine Menge ganz toller Frauen so zwischen vierzig und fünfzig. Sie sind berufstätig, haben schön ein-

gerichtete Wohnungen, fahren Auto, treiben Sport. Es sind Frauen dabei, die in den Wechseljahren etwas moppelig geworden sind, und es sind ganz schmale dabei, die mächtig auf ihre Figur achten. Es sind große und kleine, blonde und grauhaarige und dunkle, lustige und melancholische. Sie sind untereinander befreundet, besuchen sich, kochen ab und zu füreinander, laden sich an heiklen Weihnachtsabenden gegenseitig ein, denn sie haben alle etwas gemeinsam: Sie leben allein. Sie tun das mehr oder weniger freiwillig – einige leben bewusst ohne Partner, andere haben schmerzliche Trennungen hinter sich, Scheidungen, einige sind schon Witwen. Sie bilden eine Art Netzwerk und fangen sich immer wieder in Krisenzeiten gegenseitig auf, und nicht nur das: Unter Frauen gibt es ungeheuer lustige Feierabende, fröhliche Ausflüge und köstliche Küchenabende ...*

Ja, solche Netzwerke gibt es und es gibt leider auch innerhalb dieser wunderbaren Netzwerke hin und wieder Rivalität.

Vielleicht hört sich das alles sehr klischeehaft an, aber eines der Merkmale von Klischees ist ja auch, dass sie in aller Regel einen wahren Kern enthalten.

Rivalität zwischen Frauen findet statt und wir Frauen wissen und spüren das auch. Wir können sie im Alltag erleben, wir kennen sie mit ihren subtilen Wirkungsweisen und auch ihren zerstörerischen Auswirkungen. Wir leiden unter ihr und hassen sie, aber meistens beteiligen wir uns auch in irgendeiner Form daran. Und zwar bevorzugt in ein paar wenigen Bereichen.

---

* Elke Heidenreich, Also ..., rororo, 1999, S. 104.

Kapitel 3

Spieglein, Spieglein an der Wand, wer ist die Tollste im ganzen Land, oder: Auf welchen Gebieten toben wir uns in Sachen Rivalität aus?

Nun braucht praktizierte Rivalität, wie sie allem Anschein nach in jeder Lebensphase von uns Frauen vorhanden ist, auch immer eine oder mehrere Bühnen, auf denen sie inszeniert werden kann, und meiner Beobachtung nach entscheiden wir Frauen uns dabei meistens für folgende Bühnen:

1. Aussehen
2. Beruf
3. Kinder und Partner
4. Haushalt

Aussehen

In der Pubertät sind Mädchen meistens vom eigenen Aussehen regelrecht besessen, weil es natürlich auch seine Zeit dauert, sich auch innerlich an die Veränderungen des Körpers, an das Frauwerden, zu gewöhnen und sich damit anzufreunden. Ich habe allerdings manchmal den Eindruck, dass bei vielen diese Besessenheit nicht wieder aufhört – oder erst dann, wenn es entweder nicht mehr um Männer geht oder sie mit sich selbst einschließlich ihrer äußerlichen und auch sonstigen Unzulänglichkeiten Frieden geschlossen haben.

Das Aussehen ist offensichtlich – sieht man sich die gigantische Kosmetikindustrie, die Profite der aus dem Boden sprießenden Wellnesseinrichtungen und die Frauenmagazine, in denen es ja in erster Linie ums Äußere geht, an – immer noch der Rivalitätsbereich Nr. 1. Und wenn man es genau betrachtet, geht es vornehmlich um das Thema Schlankheit. Sind wir wirklich schlank (genug)?

Auch wenn ich den Eindruck habe – der mir letztlich von Fachleuten bestätigt wurde –, dass Frauenkleidung immer kleiner zugeschnitten wird, sodass die Maße, mit denen man früher Größe 38 tragen konnte, heute höchstens noch für Größe 42 reichen, hungern sich viele Frauen lieber in die kleineren Größen hinein, als die vermeintliche Schmach zu ertragen, eine „Problemfigur" zu haben. Besonders häufig findet man dieses Verhalten bei den jungen Frauen. Bei einem Besuch in der „Big is Beautiful"-Abteilung von H&M, die „Problemfiguren" wie der meinigen zugedacht ist, hörte ich, wie zwei propere Teenager daran vorbeigingen und die eine zur anderen sagte: „Lieber würde ich sterben, als da was kaufen zu müssen." Obwohl ich innerlich schmunzeln musste bei meinem ersten leicht rivalitätsbehafteten Gedanken, der da lautete: „Na warte mal, noch zwanzig Jahre ...", fand ich es bei genauerem Hinsehen auch tragisch, welche Tragweite Aussehen, Figur und dergleichen im Leben von jungen Frauen haben.

So passiert es, dass wir uns in diesem Bereich oft absolut irrational verhalten. Folglich kommt es nicht von ungefähr, dass ein Großteil aller Frauen diäterfahren ist und oft auch regelrecht diätbesessen. Essstörungen wie Anorexie und Bulimie haben inzwischen fast epidemische Ausmaße angenommen. In den Vereinigten Staaten ist statistisch gesehen jede vierte Collegestudentin bulimisch – leidet also an der Ess-Brechsucht –, und es ist nur eine Frage der Zeit, wann wir auch bei uns in Europa von solchen Zahlen ausgehen müssen.

Viele Frauen sind in der Tat geradezu besessen von der Vorstellung, richtig schlank zu sein. Und verrückterweise orientieren wir uns dabei nicht an den Frauen, die wir in unserem Umfeld sehen, sondern an den Models mit ihren von den Medien festgesetzten Idealmaßen.

Es gibt auf der Erde etwa 3 Milliarden Frauen, von denen vielleicht einige Hundert Topmodel sind. Warum meinen wir dann, dass wir so aussehen müssen wie diese verschwindend kleine Minderheit? Was für Wünsche und Vorstellungen stecken hinter dem Wunsch, schlank zu sein und damit, wie wir meinen, schön? Wofür steht der Begriff „schlank"? Und wieso sind wir bereit, uns so richtig zu quälen, uns vieles zu versagen und meist dann auch noch die Scham des Wieder-dicker-Werdens zu ertragen?

Man hat herausgefunden, dass, wenn die Schaufensterpuppen bei H&M wirkliche Frauen wären, sie nicht menstruieren könnten, weil ihnen das nötige Fettgewebe und Gewicht fehlen würde, um einen ausgewogenen Hormonhaushalt zu gewährleisten.[*]

Zu Ende gedacht würde das bedeuten, dass, wenn wir es uns zum Ziel setzten, in Kleidung hineinzupassen und uns nötigenfalls auch hineinzuhungern, die diesen Puppen passt, wir damit unsere Fruchtbarkeit aufs Spiel setzen würden und somit letztlich auch die Existenz der gesamten Menschheit. Das ist zugegebenermaßen ins Extrem gedacht, aber es wäre nur die letzte Konsequenz aus einem existierenden Trend.

Wie ist es nur möglich, dass wir mit unserem Denken auf diesem Gebiet einer gigantischen Industrie dadurch Riesenprofite bescheren, dass wir um jeden Preis schlank sprich schön, erfolgreich, geliebt und angenommen sein möchten?

---

[*] Emma, Heft 2, März/April 2002, S. 44 in dem Beitrag: „Ich will so bleiben, wie ich bin."

Weil dieser Wunsch, geliebt, anerkannt und angenommen zu sein, in uns allen immens groß ist und eine sehr hohe Priorität hat. Erfolg zu haben, beliebt zu sein, akzeptiert, gesehen und anerkannt zu werden sind alles letztlich nur Synonyme für die Urbedürfnisse: Geliebt werden, Angenommensein und Zugehörigkeit.

Natürlich ist es bitter, wenn die Freundin zehn Kilo abgenommen hat, sich in ihrem figurbetonten neuen Outfit oder gar im Bikini präsentiert und ihr seit langer Zeit mal wieder oder zum ersten Mal überhaupt bewundernde Männer- und neidvolle Frauenblicke folgen. Und wir kennen doch alle die beiden üblichen Reaktionen auf plötzlich schlank gewordene Frauen:

1. Die Frage: „Wie hast du denn das gemacht?"
   Weil man es umgehend auch ausprobieren will.
2. Eisiges Ignorieren.
   Man suggeriert sich selbst: „Die ist gar nicht schlank geworden."

Grund für ein solches irgendwie auch groteskes Verhalten ist oft Angst. Angst, nicht zu genügen, nicht mithalten zu können, inakzeptabel zu sein, aber über unsere Ängste reden wir nicht – außer vielleicht mit der besten Freundin. Wir schweigen über die Angst, dem Partner nicht mehr zu gefallen, ihn nicht halten zu können, von ihm oder auch anderen Menschen aus unserem Umfeld abgelehnt zu werden. Wir fürchten uns davor, ungeliebt zu sein und dadurch einsam, nicht dazuzugehören, einfach durch den großen Rost zu fallen und keine Rolle mehr zu spielen, und dennoch sprechen wir nicht darüber. Und bei all diesem Schweigen bin ich mir ganz sicher, dass jede Frau solche Ängste kennt und auch schon gehabt hat. Es sind Ängste, die uns dazu bringen können, uns und auch andere bisweilen richtig zu quälen. Deshalb nenne ich solche Ängste auch Monster, denn sie sind so gewaltig und Furcht erregend, dass wir sie lieber verdrängen, als ihnen ins Gesicht zu sehen und ihnen Namen zu geben. Gerade deshalb will ich einige von ihnen hier einmal aufzählen:

▷ „Du kriegst keinen Mann ab."
▷ „Wenn du so weitermachst, sucht dein Mann sich was Besseres."
▷ „Dich bemerkt sowieso keiner, weil du nichts zu bieten hast und einfach nur stinknormal bist."
▷ „So wie du bist, wirst du sang- und klanglos untergehen."
▷ „Du schaffst es nie!"

Ich habe jedoch die Erfahrung gemacht, dass diese Monster anfangen zu schrumpfen, wenn ich sie bei ihrem Namen nenne, denn dann wird klar, dass sie uns im Grunde gar nicht beherrschen können. Geben wir aber unseren Ängsten nach und trauen uns nicht, darüber zu sprechen, weil wir glauben, dass wir die Einzigen sind, die unter ihnen leiden, dann fangen sie an, völlig ungehindert und unkontrolliert zu wuchern.

Wir wollen toll sein und aussehen, um gesehen und geliebt zu werden, denn dann haben wir vermeintlich Erfolg und werden bis an unser seliges Ende glücklich.

Wenn wir erst die fünf Kilo abgenommen haben – es sind übrigens bei fast allen Frauen, egal, wie dick oder dünn, fünf Kilo!!! –, dann wird alles anders und zwar gut.

Und wenn unser Busen nur ein wenig größer wäre, dann wären wir wirklich für immer glücklich. In diesem Fall ist es heutzutage nur noch eine Frage des Geldes, ob man dieses Glück erlebt oder nicht – die plastische Chirurgie macht's möglich. Aber stimmt das wirklich?

Ich habe mehr und mehr den Verdacht, dass all unsere Anstrengungen in Bezug auf unser Äußeres vergebliche Liebesmüh sind. Denn die Frauen, die uns nicht gut finden wollen – und die gibt es immer, besonders solche, die sich selbst klein, mickrig und hässlich fühlen und glauben, wir hätten etwas, das sie auch unbedingt haben müssen –, werden auch dann noch an unseren Proportionen herummäkeln, wenn wir unter fast übermenschlicher Anstrengung unser Idealgewicht erreicht haben.

Es ist nicht unser Aussehen, das uns glücklich machen und andere dazu bringen könnte, uns zu lieben, und das wissen wir im Grunde auch.

Wenn wir uns weigern, den Maßstab anderer, besonders derjenigen, die uns etwas verkaufen wollen, zu unserem eigenen zu machen, dann kann das unendlich entlastend sein. Wenn ich mich gut fühle und mit mir zufrieden bin, wenn ich zu mir stehen und deshalb auch in mir ruhen kann, dann interessiert mich mein Aussehen nämlich gar nicht so sehr. Aber wie komme ich zu diesem „In-mir-Ruhen" und wie erhalte ich ein gutes Gefühl für mich selbst dauerhaft aufrecht? Ich persönlich habe darauf eine Antwort gefunden, die mit Wahrnehmung und Wahrgenommenwerden zu tun hat. Ich werde darauf später noch ausführlicher eingehen.

Beruf

Auch im Beruf herrscht unter Frauen eine ganz besondere, ganz eigene Art von Rivalität. Während Männer in aller Regel klar mit Leistung und Status rivalisieren, sprich: Wer wird am schnellsten und höchsten befördert? Wer verdient am meisten? Wer fährt den tollsten Schlitten?, geht es bei Frauen am Arbeitsplatz wiederum um Aussehen, Haushalt, Mann und Kinder. Ich habe im Laufe des Entstehungsprozesses dieses Buches immer wieder mit Frauen über ihre Erfahrungen am Arbeitsplatz gesprochen, die ausschließlich oder fast ausschließlich mit Frauen zusammenarbeiten. In den allerseltensten Fällen wird eine solche Arbeitsplatzsituation als positiv erlebt.

Fast immer war bei der Beschreibung der Atmosphäre und des Umgangs an solchen Stellen die Rede von Grüppchen- und Cliquenbildung, wobei dann die einzelnen Gruppen schlecht übereinander redeten und auch nicht davor zurückschreckten, andere beim Chef anzuschwärzen. Es wurde von Ausgrenzung Einzelner und mobbingähnlichen Methoden berichtet. Sticheleien und getarnte üble Nachrede sind offenbar in dieser Hinsicht Spezialwaffen von uns Frauen. Dabei darf allerdings auch nicht unerwähnt bleiben, dass Frauen oft dazu neigen, und hier besonders Frauen mit einem lädierten Selbstwertgefühl, jede Reaktion oder auch nichterfahrene Reaktion auf sich selbst zu beziehen und persönlich zu nehmen. Das kann geradezu groteske Formen annehmen – nach dem Motto: „Frau Soundso hat heute Morgen so komisch geguckt. Was könnte ich ihr getan haben?" Oder: „Der Chef hat mich heute nicht so freundlich gegrüßt. Bestimmt hat ihm Kollegin Soundso was Negatives über mich erzählt."

Viele der Frauen, die ich über ihre Erfahrungen mit weiblichen Kolleginnen befragt habe, fanden es auffällig und schlimm, wie viele Frauen sich verbiegen und anbiedern, um bei Chefs und Vorgesetzten gut anzukommen. Außerdem wurde die Rivalität in Bezug auf das Aussehen von fast allen Befragten als negativ empfunden. Offenbar ist es leider immer noch häufig so, dass diejenigen Frauen am meisten zu sagen haben und auch unter Kolleginnen den Ton angeben, die am besten aussehen – was auch immer dabei der Maßstab sein mag.

Und nicht zuletzt berichteten viele über einen permanenten Wettstreit und übles Gerede untereinander und übereinander. Da wird gefragt, ob man denn gesehen habe, dass die Bräune von Frau X aus dem Solarium stammt. Und es ist äußerst interessant, dass Frau Y doch sichtbar zugenommen hat und Frau XY besser keine kniefreien Röcke tragen sollte.

Oft sind dabei die tonangebenden Damen diejenigen,

denen es bei näherem Hinsehen am allermeisten an einem intakten Selbstbewusstsein und auch Selbstwertgefühl mangelt und die daher innerlich am unsichersten sind.

Bei Rivalität unter Frauen am Arbeitsplatz, so beobachte ich, geht es interessanterweise weniger darum, möglichst schnell möglichst viele Stufen der Karriereleiter zu erklimmen, sondern es geht vielmehr um den „gesellschaftlichen Status", darum, beliebt zu sein und dazu noch kompetent. Es geht darum, nett zu sein und auch von Vorgesetzten so gesehen zu werden, damit man letztlich Lob, Anerkennung, Zuwendung und Sicherheit bekommt. Frauen möchten in das soziale Gefüge der Firma wirklich eingebettet und allseits beliebt sein und einfach dazugehören. Wir Frauen leiden sehr, wenn wir das Gefühl haben, nicht einbezogen zu sein, und wir verkraften dieses Gefühl ungleich schlechter als Männer.

Ein Paradebeispiel für den Umgang zwischen im Beruf miteinander rivalisierenden Frauen war das Zusammentreffen von Verona Feldbusch, der Ikone aus dem „Luderlager", und der dagegen regelrecht seriös anmutenden Alice Schwarzer, der deutschen Ikone der Frauenemanzipation, in der Talkshow von Johannes B. Kerner. Bezeichnend war hier, dass der Auslöser für das Zusammentreffen der beiden Damen eine ebenso undifferenzierte wie unfaire Aussage der seriösen Emanze war, die in etwa lautete, Verona Feldbusch sei ein Schlag ins Gesicht für alle (emanzipierten) Frauen.

Wieso musste Alice Schwarzer sich auf diese Weise und so persönlich beleidigend über ein Problem äußern, das mit der Person Verona Feldbusch eher wenig, umso mehr aber mit einem Interesse der Medien an solch polarisierenden Auseinandersetzungen zu tun hat? Frau Schwarzer wäre durchaus in der Lage gewesen und hätte es sich darüber hinaus auch von ihrem Image her leisten können, diesen Sachverhalt der Vermarktung des „Weibchens" in Werbung und Medien ohne dermaßen undifferenzierte Beurteilungen und Schläge unter die Gürtellinie darzulegen. Aber so, wie es war, wurde aus einem Sachverhalt ein Medienspektakel, von dem im Grunde in erster Linie die Medien profitierten, weil auf jeden Fall die Quote stimmte.

Von Professionalität war nämlich keine Spur mehr zu erkennen. Zu sehen gab es stattdessen Emotion pur – und das kommt immer an. Anstatt dass jede der beiden Damen souverän zu dem stand, was sie tut – und jede in ihrer Branche unbestritten erfolgreich –, beharkten sich die beiden vor laufenden Kameras auf unterstem Niveau und unter Verlust auch des letzten Quäntchens Sachlichkeit. Dabei demütigten sie sich selbst und auch die jeweils andere dermaßen, dass sie davon beide bestimmt noch eine ganze Weile psychisch zu zehren haben. Beschämung – und die fand hier statt – geht nämlich an niemandem spurlos vorüber, sondern hinterlässt Narben, die man manchmal erst viel später bemerkt.

Selbst wenn ich mich hinterher ein paar Mal gefragt habe, ob dieses Gesprächsspektakel nicht inszeniert war und alle freiwillig einen bestimmten vorgegebenen Part übernommen hatten, bleibt festzuhalten, dass es sich augenscheinlich um eine Auseinandersetzung auf höchstem Konkurrenzniveau handelte. Und das dabei anwesende Millionenpublikum lachte sich dabei auch noch ins Fäustchen und konnte sich über eine derartige Selbstentblößung der beiden doch so medienerfahrenen Damen erhaben fühlen.

Zurück bleibt am Ende die Frage, warum die beiden Frauen auf einem solchen Niveau miteinander konkurrieren mussten.

Für die beiden – und die Zuschauer allemal – wäre es auf jeden Fall viel befriedigender gewesen, wenn sie sich gegenseitig hätten stehen lassen können, so wie sie sind. Denn dies ist nicht zuletzt eine unserer Grundsehnsüchte. Wir möchten so gern stehen gelassen werden, so sein dürfen, wie wir sind. Das wäre zwar vermutlich für die

Einschaltquote schlecht gewesen, der Selbstachtung der beteiligten Damen hätte es wahrscheinlich aber sehr viel besser getan.

Wir sollten uns also merken, dass auch im beruflichen Bereich Rivalität unter Frauen eine hoch emotionale Angelegenheit ist, die auf diversen Nebenkampfplätzen ausgetragen wird und damit meistens im Bereich des Indirekten und Nichtgesagten stattfindet. Den Standard in diesen Kämpfen setzen sehr häufig Frauen, die vermeintlich selbstsicher, bei näherem Hinsehen jedoch innerlich ausgesprochen unsicher sind und über ein eher mageres Selbstwertgefühl verfügen.

Und so findet dann nicht selten mit der einen Kollegin die Rivalität auf dem Kampfplatz des Aussehens statt, mit der anderen in der Arena des möglichst effizienten und reibungslosen Verbindens von Job, Ehe, Kindern und Haushalt und mit wieder einer anderen über die Frage, wer beim Chef die besseren Karten hat. Es gibt keine Entspannung in einem derartigen Umfeld und bei einer solchen inneren Haltung. Und es ist daher kaum verwunderlich, wie erschöpft viele Frauen hier sind.

Vor diesem Hintergrund ist meiner Meinung nach auch anzusiedeln, was mit der bekannten Exmedienfrau Hera Lind passiert ist. Einige Zeit wurde sie von den Medien als Superfrau hochgejubelt, die spielend Karriere in mehreren Bereichen (Schreiben, Moderation, Gesang) macht und gleichzeitig ihre Partnerschaft und die Erziehung von vier Kindern (von denen zwei geboren wurden, während ihr Medienleben bereits in vollem Gange war) bewältigt. Und es kam noch besser, sie berichtete dazu öffentlich, dass sie immer, wenn sie schwanger sei, ein Buch schriebe, natürlich locker-flockig und ohne Mühen. Sie war die Vorzeigefrau, die immer strahlend und gut drauf war, alles spielend bewältigte und mit Humor nahm – jedenfalls vor laufenden Kameras – und bei der auch ihre Romanfiguren von diesem Typ waren. Ich jedenfalls habe Frau Lind bisweilen beneidet um dieses gute Laune ausstrahlende Allround-talent – dann aber auch nicht ohne Häme ihren Absturz mit-verfolgt.

Wie kommt es eigentlich, dass wir uns – vergleichbar mit dem Kampf ums Aussehen, in dem wir uns an den Top-models orientieren – solche „Superfrauen" zum Vorbild nehmen? Wer macht diesen Maßstab? Wer oder was sitzt uns im Nacken und will unbedingt, dass wir immer und ausschließlich nur toll sind? Könnte dahinter wirklich die Illusion stecken, dass alles gut wird und wir glücklich leben bis ans Ende unserer Tage, wenn wir erst einmal per-fekt sind?

Ich glaube, unsere Aufgabe besteht vordringlich darin herauszufinden, wer und wie wir sind, wie wir gemeint sind. Wir sollen unsere Grenzen ausloten, sie im Blick haben und zu ihnen stehen. Nur dann können wir authen-tisch und damit entspannter und auch glaubwürdiger leben, als Kolleginnen ebenso wie als Familienfrauen, Freundin-nen und Partnerinnen unserer Männer. Und nur so besteht die Aussicht, dass unsere Sehnsucht sich erfüllt, so, wie wir sind, als Person angenommen zu werden und uns nicht mehr verbiegen zu müssen, um dazuzugehören.

Kinder und Partner

Neun wunderbar entspannte Jahre lang habe ich unsere ein-zuschulenden Kinder davon überzeugen können, dass es bei „Schreibwaren Lange" in Thedinghausen die schöns-ten Schultüten der Welt gibt, und sie haben sich dort unter Qualen ihre Schultüten ausgesucht – metallicgrün mit Herzen beispielsweise. Das änderte sich schlagartig im März 2002! Des Jahres ausgerechnet, in dem unsere Zwil-linge Lisbeth und Lotta eingeschult werden sollten. Und das kam so:

Im Kindergarten waren zwei Bastelhefte in Umlauf geraten (oder gebracht worden?!), in denen die wunderbarsten Schultütenmodelle in allen möglichen Formen, Farben und Schwierigkeitsgraden abgebildet waren – zum Nachbasteln, wie sich später zu meinem Schrecken herausstellen sollte.

Lisbeth und Lotta beschrieben mir bereits auf dem Heimweg vom Kindergarten, welche der wunderbaren Schultütenmodelle sie für sich ausgeguckt hatten, aber weil es erst März war und sie beide die ganze Zeit gleichzeitig redeten, nahm ich die Einschulungsgeschichte erstens noch nicht so richtig ernst, weil sie in meinem Terminkalender noch ziemlich weit hinten stand, und zweitens hörte ich nicht wirklich, was ihre Beschreibungen bedeuteten – für mich persönlich bedeuteten.

Zu Hause angekommen gab es irgendetwas Falsches zum Mittagessen – zu viel Grünes nehme ich an –, sodass das Schultütenthema in den Hintergrund geriet.

Einige Tage später hörte ich – leicht befremdet, wie ich gestehen muss – die sehr detaillierten Beschreibungen von Schultüten mit, die Lisbeth und Lotta am Telefon ihrer Oma präsentierten. Da war von Gelb und Herzen, von Krepppapier, Gänsen und noch vielem mehr die Rede.

Ich war alarmiert – gelinde gesagt –, denn wenn man mich zum Basteln auffordert, ist das so, als würde man einen Mann zwingen, an einem Tanzkurs teilzunehmen.

Also rief ich die beiden zu mir und ging Ahnungslosigkeit vortäuschend in die Offensive. Wir müssten ja nun auch irgendwann mal an die Schultüten denken – ich konnte nicht glauben, dass ich das war, die da sprach, denn es war noch nicht einmal Ostern –, und ich hätte die Erfahrung gemacht, dass es bei „Schreibwaren Lange" in Thedinghausen die schönsten der Welt gäbe. PROTEST! Wieso Schultüten kaufen, meinten die Fräuleins, die würden doch von den Müttern gebastelt und sie hätten sich auch schon eine ausgesucht – zwei verschiedene sogar, damit es mir beim Basteln nicht so langweilig würde!

Meine zaghaften Einwände von wegen „Schreibwaren Lange" oder meiner mangelnden Bastellust wurden mit Zwillingswucht einfach vom Tisch gefegt. Deshalb vertagte ich die Angelegenheit ein weiteres Mal, denn es war ja noch genügend Zeit.

Aber weit gefehlt! Der Kindergarten wollte die Bastelzutaten bestellen, und nun erfuhr ich, was auf mich zukam. Lisbeths Schultüte war gelb und mit etwa zehn Millionen verschieden großen Moosgummiherzen beklebt, wobei die kleinsten etwa stecknadelkopfgroß waren. Verschlossen wurde die Tüte mit einem Ringelband, das ebenfalls mit Moosgummiherzen beklebt war – von beiden Seiten! Zwar versicherte man mir, die Herzen könne man fertig zugeschnitten im Bastelgeschäft erwerben, und das traf auch zu, aber leider waren die fertigen Sets zu diesem Zeitpunkt, es war mittlerweile Anfang Mai, bereits ausverkauft.

Lottas Schultüte war blau und mit Gänsen beklebt, die, wie könnte es anders sein, aus mehreren Teilen zusammengesetzt werden mussten und zu meinem Entsetzen winzige Schleifen aus blauweiß kariertem Band um den Hals trugen. Zwischen den Gänsen war noch Platz für kleine weiße Pünktchen, die, so eine bastelkundige Mitmutter, man wunderbar mit dem Locher herstellen und dann aufkleben könne.

Ich liebe meine Kinder – wirklich – so sehr, und daran werde ich sie noch sehr lange erinnern, dass ich ihnen ihre heiß ersehnten Schultüten gebastelt habe. Ich habe mir Blasen an den Fingern eingehandelt beim Ausschneiden von Millionen verschieden großer Moosgummiherzen sowie beim unsachgemäßen Umgang mit der Heißklebepistole, mit der ich zu diesem Anlass das erste Mal hantierte. Ich habe eine schlaflose Nacht mit der Frage verbracht, wie ich diese winzigen Schleifen für die Gänse-

hälse fabrizieren sollte. Ich habe mich mit meinem Mann gestritten, als wir schließlich im Team mit Pinzetten- und Heißklebepistoleneinsatz Herzchen, Pünktchen und Schleifchen auf die Tüten klebten. Ich habe mich gefragt, wieso Ringelband eigentlich so konstruiert ist, dass man nicht einmal mit Heißkleber Herzen darauf kleben kann (es schmilzt dann nämlich), und ich habe mich ehrlich gesagt ein bisschen verrückt gefühlt, als ich mit dem Locher Pünktchen hergestellt und diese dann aufgeklebt habe.

Zwischendurch habe ich dennoch hin und wieder in strategisch günstigen Momenten auf „Schreibwaren Lange" verwiesen, kam damit aber, wegen der empörten Einwände der beiden kleinen Damen, meist nicht weit.

Und dann waren sie fertig, die Tüten, und ich war so stolz! Geschafft. Mich selbst überwunden. Ich hatte gebastelt – aus Liebe! Wirklich?

Das große Ereignis rückte näher. Die Schultüten waren das meistgehütete Geheimnis im Hause Balters. Die Spannung der Mädels war kaum noch zu ertragen und dann kam endlich der Einschulungstag. In der Turnhalle gab es eine Aufführung, bevor die Kinder dann mit ihren neuen Lehrerinnen in ihre Klassen gingen und wir Eltern, Großeltern, Onkel, Tanten, Paten und Geschwisterkinder auf dem Schulhof Kaffee und Saft bekamen. Da standen wir nun, wir Eltern, und dann tauchten sie eine nach der anderen auf, die Schultüten, die den Kindern nach ihrer ersten Unterrichtsstunde überreicht werden sollten, bis nach einer Weile wohl jede Mutter mit einer Schultüte im Arm dastand.

Und plötzlich wusste ich, für wen wir all die Mühen auf uns genommen hatten. Auf jeden Fall nicht nur für unsere Kinder. Wir begutachteten die Schultüten der anderen und wir waren mehr oder weniger beeindruckt von den jeweiligen Bastelresultaten. Um sich mit einer gekauften Schultüte dorthin zu trauen, bedurfte es schon einer robus-

ten Psyche oder eines sehr hoch entwickelten Selbstwertgefühls. Ein paar Mütter hatten sich getraut – „Schreibwaren Lange" – Sie wissen schon. Die meisten aber sonnten sich in ihrem Bastelerfolg – ich mich auch.

Als unsere älteste Tochter mich fragte, ob sie eine ihrer Schwestern an ihrer Klasse erwarten und ihr die Tüte überreichen dürfe, lehnte ich dieses Ansinnen brüsk ab. Auf das wunderbare Gefühl zu verzichten, nicht nur gebastelt, sondern gleich die doppelte Leistung erbracht zu haben – das war doch auch wirklich zu viel verlangt, oder? Und so standen wir Mütter alle irgendwie da und waren so stolz auf uns und unsere Kinder, durften es aber nicht zeigen, geschweige denn sagen!

Als unsere beiden Mädels schließlich kamen und strahlend ihre Tüten in Empfang nahmen, fiel es mir fast ein bisschen schwer, mich von meiner Bastelerfolgsstory zu trennen. Aber die Kinder waren bereits dabei, völlig ungeniert und unbefangen darüber zu diskutieren, wer die schönste Schultüte hatte, wobei denn auch nicht unerwähnt blieb, dass einige meiner winzigen Moosgummiherzen nicht ganz akkurat ausgeschnitten waren.

Ich wusste es, und ich wusste, dass auch etliche meiner Mitmütter es registriert hatten. Und in diesem Augenblick wünschte ich mir, dass wir uns einfach miteinander hätten freuen können – über uns und unsere Kinder. Wahrscheinlich hätten wir dann auch wirklich gesehen, wie rührend und auch komisch die kleinen Menschen mit ihren Riesentüten – den gebastelten wie den gekauften – aussahen. Und vielleicht hätten wir dann alle gemeinsam geschmunzelt.

Dies ist eine meiner ganz persönlichen Märtyrergeschichten, aber ich kenne auch Frauen, die einmal wöchentlich ebenso märtyrerhaft in die Krabbelgruppe gehen mit der Begründung, ihr Kind brauche doch Kontakt zu Gleichaltrigen. Doch hinterher geht es ihnen fast immer schlecht,

weil sie ihrer Meinung nach im „Kinder-Vergleich"
schlecht abgeschnitten haben. Dabei sind die Mütter am
ärmsten dran, deren Kinder kratzen, beißen, hauen oder
alles drei.

Warum tun wir Frauen uns das an? Oder besser gefragt:
Warum sind so viele Krabbelgruppen so? Warum geht das
Vergleichen und Giften da weiter, wo wir doch Gelegenheit
hätten, uns und den anderen etwas Gutes zu tun? Wir könnten nett zueinander sein, Verständnis füreinander haben,
uns miteinander austauschen und uns dadurch gegenseitig
entlasten, weil wir nicht die Einzigen sind, die unter Isola-
tion, Schlafmangel, dem üblen Status der Familienfrauen
und vielleicht auch noch unter Hämorriden leiden.

Eine beliebte Variante dieser Treffen ist auch das Reden
über Nichtanwesende, ganz besonders über deren Defizite.
Und oft kauen wir dann alles hinterher noch einmal mit der
Busenfreundin durch.

Wieso gönnen wir der anderen nicht das Schwarze
unterm Fingernagel? Wieso dieser Wahn, möglichst makel-
los und allzeit kompetent zu wirken?

Und wenn wir schon nicht die Schönsten und Tüchtigsten sein können, dann wenigstens diejenigen, die am
meisten zu leiden haben. Und wir betonen damit, dass wir
auch in der Lage sind, dieses Leid auszuhalten.

Ich staune immer wieder darüber, wie Mütter die Kin-
dergeburtstagsfeiern ihrer Kinder so beschreiben können,
als handele es sich um die moderne weibliche Version der
Gladiatorenkämpfe. Frau leidet ... und quält sich ... aber
Frau hält durch – ganz allein.

Eine Freundin erzählte mir kürzlich, dass eine Bekannte
im Kindergarten gesagt hätte, was für eine Perle von Mann
sie doch hätte, weil dieser Held nämlich bereit gewesen
war, die ersten drei Tage einer Kur seine Kinder zu beglei-
ten, weil sie krank geworden war. Meine Freundin hatte
sich über den Kommentar ihrer Mitmutter geärgert. Denn
sie hatte den Eindruck, dass viele Dinge bei Frauen als

selbstverständlich gelten und dass Männer, wenn sie diese dann mal übernehmen, gleich als Mustergatten hingestellt werden.

Ich gab ihr zu bedenken, dass es bei solchen Komplimenten womöglich gar nicht darum geht, den Mann der anderen zu loben, sondern die andere ab- und gleichzeitig sich selbst aufzuwerten, weil man nämlich nicht die Unterstützung des Partners hat, sondern alles allein erledigen muss. Nach dem Motto: Du hast einen Mann, der dir ganz viel hilft. Ich Arme (Tüchtige) dagegen habe keinen solchen Mann und muss alles alleine schaffen (und schaffe es natürlich auch). Damit steht dann fest, dass ich tüchtiger bin als du.

Ich finde eine solche Art des Umgangs für Frauen typisch. Man beharkt sich nicht direkt – das machen die Männer: eins auf die Nase und fertig –, sondern man schleicht umeinander her und verteilt Spitzen, deren Wirkung manchmal erst nach Tagen eintritt. Und oft ist das Ungesagte das, was am meisten trifft.

Auf jeden Fall benutzen wir oft auch unsere Kinder und Ehepartner, um uns selbst aufzuwerten und zu beweisen, dass wir Anerkennung und Respekt verdient haben, dass wir es verdient haben, gemocht zu werden, und ein Anrecht darauf dazuzugehören. Die Frage ist dabei allerdings oft, ob wir davon eigentlich selbst überzeugt sind.

Wenn ich die innere Sicherheit habe, dass ich annehmbar bin, weil ich so bin, wie ich bin – auch ohne Leistungsbeweis, nicht auf Grund meines Tuns –, brauche ich mich nicht allwöchentlich in die Vergleichsmühle zu begeben, um mir die Bestätigung zu holen, dass ich okay bin. Stattdessen kann ich entweder ganz auf die Krabbelgruppe verzichten und mir mit meinem Kind einen schönen Tag machen. Oder ich kann den anderen in der Gruppe Mut machen, sie um Rat fragen, ihnen Hilfe und Unterstützung anbieten – und mir beides auch von ihnen holen. Ich kann einfach so sein, wie ich bin, und entsprechend auch die anderen stehen lassen, wie sie sind. Dadurch stellt sich eine entspannte Atmosphäre ein, Ängste und Anspannung weichen langsam und die anderen brauchen sich ebenso wenig für den Kampf zu wappnen und in die Arena zu begeben.

Haushalt

Der Haushalt ist ebenfalls ein überaus beliebter Schauplatz für weibliche Rivalitätskämpfe. Wer hat es am saubersten und gepflegtesten? Wer hat es am schönsten oder auch heftigsten dekoriert?

Ich zum Beispiel stelle fest, dass ich besonders gründlich putze, wenn ich Besuch von Frauen erwarte, mit denen mich keine uneingeschränkte Sympathie verbindet. Und natürlich hätte ich auch für mich gerne einen gepflegteren Haushalt.

Meiner ist nicht ausgesprochen ungepflegt, aber hier und da könnte schon das eine oder andere Stäubchen oder Schmuddeleckchen fehlen. Wir kennen sie doch alle, die Schubladen mit einzelnen Spielkarten, drei Gummiringen, einem Kronkorken (unser Ältester hat eine Sammlung und diesen von einem Gast geschenkt bekommen, als er gerade nicht da war), einer Postquittung (für die Steuererklärung), zwei abgebrochenen IKEA-Bleistiften, einem Kerzen stummel (zu schade zum Wegwerfen) und der Gebrauchsanweisung für den Reisewecker in fünfzehn Sprachen (die wir trotz all der Sprachen nicht entziffern, geschweige denn verstehen können) – und diese Aufzählung ist eine Sparversion für zart besaitete Schlampen.

Um mir diesen Wunsch nach einem gepflegteren Haushalt selbst zu erfüllen, fehlt es mir jedoch oft an Organisation, systematischen Verfahren und guter Anleitung. Denn das, was da in der einschlägigen Literatur geboten wird, erfordert so viele Vorkenntnisse oder Engagement, dass ich meistens bereits beim Lesen des Inhaltsverzeichnisses kapituliere.

Nun sind mir vier Möglichkeiten eingefallen, doch noch meinen Traum vom gepflegteren Ambiente zu verwirklichen:

1. Ich strenge mich ganz doll an – noch mehr als bisher. Diese Möglichkeit hat wenig Aussicht auf Erfolg.
2. Ich spanne meine Familie stärker ein – eine Möglichkeit, die allerdings wegen des garantierten Widerstandes gegen meine Bemühungen Stress erzeugt.
3. Ich suche mir professionelle Hilfe – das klingt schon Erfolg versprechender, hat allerdings den Haken, dass es einen guten Teil meines ohnehin spärlichen Einkommens verschlingt.
4. Ich ziehe mit meiner Familie in eine All-inclusive-Hotelanlage – was leider unseren finanziellen Rahmen absolut sprengt. Außerdem geht wahrscheinlich das persönliche Flair eines echten Zuhauses dabei verloren.

Meine Lösung: Ich gestehe mir ein und akzeptiere, dass ich den gepflegten Haushalt meiner Träume nur zu einem Preis bekommen kann, den zu zahlen ich entweder nicht bereit oder nicht in der Lage bin. Ich tue deshalb, was ich kann (und bereit bin zu tun), und nehme mich an, wie ich bin – nicht wie ich gerne wäre.

Außerdem ist es ja gar nicht so, wie wir häufig annehmen, dass alles anders, d.h. gut wird, wenn der Haushalt erst mal ordentlich ist, ich fünf Kilo abgenommen habe, alle Kinder Abi haben und das Haus abbezahlt ist.

Mich so anzunehmen, wie ich jetzt bin, auch wenn mir klar ist, dass an der einen oder anderen Stelle durchaus Nachbesserungsbedarf besteht, das ist unglaublich schwer, aber gleichzeitig auch unglaublich befreiend. Ich stecke immer noch in diesem Lernprozess und erlebe dabei ständig Rückfälle in die alten Maßstäbe und Vorstellungen.

Außerdem ist es beileibe nicht so, dass ich mich nicht hin und wieder selbst zerfleische, wenn ich um mich her nur Chaos entdecke.

Aber ich kann es jetzt viel mehr genießen, in einem toll gepflegten Haushalt zu Besuch zu sein, weil ich nicht mehr dauernd abgelenkt bin durch dieses fieberhafte Überlegen, wie ich es auch so toll hinkriegen könnte.

Wenn ich meinen Anspruch an dieser Stelle loslassen kann, brauche ich nicht mehr zu vergleichen, sondern kann tun, was jetzt gerade möglich ist – auch mit professioneller Hilfe und der Beteiligung aller Familienmitglieder. Nicht zuletzt wird dabei sehr viel Kraft freigesetzt, die man in vielerlei lohnende Projekte, Tätigkeiten oder in Beziehungen investieren könnte.

Ein schönes Beispiel dafür, wie sehr unser Haushalt uns mit Beschlag belegen kann und wie sehr wir häufig unser Selbstwertgefühl an dessen Zustand festmachen, wird deutlich an einem Erlebnis, das ich mit meiner Freundin hatte.

Wir haben uns während einer Familienfreizeit in einem Feriendorf kennen gelernt. Ich kam abends in ihr Ferienhaus und sie sagte fast als Erstes: „Ich möchte mit dir nie über den Zustand deines oder meines Haushaltes reden." Und das hat auch ganz gut geklappt. Erst kürzlich hat sie mir dann gestanden, dass diese Aussage auch einen Selbstschutzaspekt hatte. Denn sie empfindet ihren eigenen Haushalt oft als chaotisch, und indem sie das Thema sicherheitshalber direkt von der Tagesordnung strich, wollte sie dafür sorgen, dass ich ihr in dieser Hinsicht nicht zustimmte.

Wirklich eine kreative Methode, mit den eigenen Unzulänglichkeiten umzugehen.

Und unsere vermeintlichen Unzulänglichkeiten – die im Grunde schon mit dem Abweichen vom Ideal beginnen und bei denen wir doch immer leicht zu packen sind – macht sich auch die Werbung zu Nutze, um uns Dinge zu verkaufen, mit Hilfe derer wir uns dem „Ideal" zumindest annähern könnten.

In Deutschland ist vergleichende Werbung vom Typ: „Das Produkt X ist besser als das Produkt Y" glücklicherweise noch immer verboten. Wenn jedoch ein bestimmtes Ideal stereotyp in der Werbung dargestellt wird, wie zum Beispiel die absolut glückliche und harmonische, samtgewandete, generationsübergreifende Großfamilie am blütenweiß gedeckten, traumhaft üppig dekorierten Weihnachtsesstisch, in der die Kinder weder streiten noch kleckern, Vater nicht irgendwas zu mäkeln hat, Mutter nicht an ihrem selbst gekochten Essen herumkrittelt, um doch noch das eine oder andere Kompliment abzustauben, und Opa nicht wieder dieselben verstaubten und nun wirklich der gesamten Familie hinlänglich bekannten Witze reißt, dann vergleiche ich doch ganz von selbst. Und die Werbung dieser Art ist auf jeden Fall darauf aus, dass ich in diesem Vergleich möglichst schlecht abschneide.

In Aussagen, die zur Rivalität ermutigen, ist ja oft auch gar nicht die Sachaussage das Verhängnisvolle, sondern die Wertung der Aussage, die meist ohne Worte durch Gestik, Mimik oder Tonfall stattfindet.

Ich stelle in diesem Zusammenhang immer wieder und immer noch fest, dass ich bisweilen gar keine Ahnung habe, wo man beispielsweise überall putzen kann. Als meine Nachbarin mir einmal erzählte, dass eine Bekannte von ihr die Fliesenfugen im Bad mit einer alten Zahnbürste reinigt, war ich einfach nur erstaunt, weil ich selbst niemals auf diese Idee gekommen wäre, mich aber manchmal die speckigen Fugen in unserer Dusche sehr wohl stören. Aber selbst wenn ich jetzt weiß, wie man diesen Makel beseitigen kann, ist die Wahrscheinlichkeit, dass ich die Zahnbürste zur Hand nehme und hier Abhilfe schaffe, doch eher gering. Allerdings stelle ich auch fest, dass ich immer weniger den Wunsch habe zu werten, was die Bekannte meiner Nachbarin tut, denn ich möchte auch nicht, dass jemand wertet und beurteilt, wie ich meine Hausarbeit erledige. Ich tue es eben, so gut ich kann – und manchmal nicht einmal das.

Bitte hören wir doch auf mit diesem „... also, bei mir sieht es heute mal wieder aus ...", wenn ich als Zuhörende das Gefühl habe, so wie dort an den schlimmsten Tagen sieht es bei mir nicht einmal an den besten aus.

Aber auch das Umgekehrte ist rivalisierend und damit beziehungsfeindlich, allerdings sehr viel subtiler. So gilt es in manchen Kreisen als absolut unchic, eine aufgeräumte und saubere Wohnung zu haben – warum auch immer –, und es werden in diesen Kreisen Frauen ausgegrenzt, denen an Ordnung und Sauberkeit liegt, denen Haus und Heim ein wichtiges Anliegen mit hoher Priorität sind.

Und wer sagt eigentlich, dass das kreative oder karrierebezogene Schaffen mehr wert ist als die Umsetzung des Schöpferischen? Diese Wertung ist völlig willkürlich und ebenfalls ausgesprochen beziehungsfeindlich.

Ich persönlich habe beispielsweise irgendwann gemerkt, dass ich Hausarbeit gemieden und abgewertet habe, weil ich von meiner Mutter die Einstellung übernommen habe, dass Hausarbeit immer nur lästige Pflicht und irgendwie etwas Minderwertiges ist. Für meine Mutter war nämlich Hausarbeit etwas, das sie eigentlich nicht wollte. Sie ist eine ausgesprochen kreative Frau und ihr Wunsch ist es eigentlich schon immer gewesen zu malen. Durch diese Prägung hat es lange gedauert, bis ich mir eingestehen konnte, dass ich manche Hausarbeiten richtig gerne tue.

Wenn also mein Verhalten anderen gegenüber nicht von solchen unbewussten Prägungen oder meinen Minderwertigkeitsgefühlen bestimmt ist, wenn ich mir zugestehe, so zu sein, wie ich bin, fühlen sich die Menschen in meinem Umfeld freier, ebenfalls sie selbst zu sein und authentisch und ohne Masken zu leben. Beziehungen werden auf diese Weise sehr viel befriedigender, weil sie ehrlicher sind.

Kapitel 4

Über die Ursachen von Rivalität, oder:
„Ich hätte es ja auch gern anders, aber wenn ich die schon sehe ..."

Und jetzt stehen wir vor diesem seltsamen Widerspruch zwischen dem, was wir uns wünschen und wonach wir uns sehnen, und unserem rivalisierenden Verhalten, das diesem Bedürfnis rein logisch gesehen diametral entgegengesetzt ist. Und es stellt sich natürlich die Frage, wieso es uns offenbar so schwer fällt, uns selbst und auch unser Gegenüber so stehen zu lassen, wie wir eben sind. Warum lasse ich an bestimmten Frauen kein gutes Haar, sondern bekämpfe sie regelrecht? Warum lasse ich mich immer wieder auf die bereits beschriebenen Rivalitätskämpfe in den hinlänglich bekannten Bereichen ein, um am Ende auch nicht zufriedener oder glücklicher zu sein?

Meiner Beobachtung nach gibt es dafür vier Hauptgründe, die wiederum alle dieselbe Wurzel haben.

1. Neid

Auch hier lässt sich wieder am besten an vermeintlich unscheinbaren Beispielen aus dem Alltag verdeutlichen, was gemeint ist:

In meinem Bekanntenkreis gab es eine Frau, mit der zurechtzukommen mir nicht leicht fiel. Wenn ich als normale tüchtige Hausfrau meiner Arbeit nachging, saß diese Frau da und las. Winters vorm Kamin in der gemütlichen Stube, sommers in der Hollywoodschaukel im Garten. Das muss man sich mal vorstellen: Sie saß und las, einfach so, und das manchmal tagelang! Sie versorgte ihre Kinder und ihren Mann, aber ansonsten las sie!

Über diese Frau wurde in der Nachbarschaft viel geredet – und zwar nicht besonders positiv. Warum? Na das ist ja wohl klar: Weil es einfach unmöglich ist, den ganzen Tag zu lesen!

Wirklich? Ich für meine Person kann inzwischen eingestehen, dass ich es unmöglich fand, weil ich unendlich neidisch auf sie war. Während ich einen Haushalt mit sieben Personen inklusive Windelkindern, großem Garten und Haustier zu versorgen hatte, besaß sie die Stirn, sich ihr Lesevergnügen zuzugestehen – einfach so und vor den Augen aller.

Ähnlich ging es mir eine Zeit lang, wenn ich unseren Vierjährigen morgens in den Kindergarten brachte, die Zwillinge, die zu dieser Zeit noch Säuglinge waren, immer dabei, und das alles zu Fuß, weil unser Ernährer das einzige Auto der Familie brauchte, um an seinen Arbeitsplatz zu gelangen. Ich war ständig völlig erschöpft und unausgeschlafen, weil ich meine Zwillinge nach Bedarf stillte. (Natürlich wollte ich die perfekte Mutter sein – und damals wurde nach Bedarf gestillt.) Dabei beneidete ich auch noch unendlich meinen Mann, der morgens einfach so aus dem Haus gehen konnte und nicht ständig kleine Kinder um sich herum hatte.

Und dann begegnete ich, am Kindergarten angekommen, ausgeruhten, heiteren Müttern, die sich hübsch angezogen und zurechtgemacht hatten und sich zu allem Überfluss manchmal auch noch zum gemeinsamen Frühstück ohne Kinder verabredeten. Ich habe diese Mütter gehasst – ohne Übertreibung, denn das Gefühl, das ich dabei hatte, war wirklich so stark, und zwar einzig und allein, weil ich sie so grenzenlos beneidete.

Manchmal hatte – und habe ich auch immer noch – das Gefühl, solchen Neidattacken, die unglücklicherweise oft noch getarnt daherkommen, hilflos ausgeliefert zu sein. Aber ich merke immer mehr, dass es ein sehr wirksames Mittel dagegen gibt, als erste Soforthilfe sozusagen:

Wenn ich gut zu mir selbst bin, so stelle ich fest, brauche ich nicht so sehr auf andere zu schauen. Wenn ich mir Wünsche und Sehnsüchte zugestehe, auch ganz profane, wie beispielsweise einmal ungestört eine doofe TV-Serie zu gucken oder eine Stunde im Café zu sitzen und in einer Frauenzeitschrift zu blättern, dann darf die andere das auch. Wenn ich mich selbst so stehen lasse, wie ich bin, und nicht ständig an mir herumkritisiere, dann kann ich auch mein Gegenüber eher einfach so stehen lassen, wie sie ist. Mit sich selbst zufrieden zu sein, sich selbst anzunehmen, wie man ist, das ist meines Erachtens eines der besten Mittel gegen Rivalität – wie gesagt, erst einmal als Soforthilfe im Akutzustand.

2. Seh ich die, seh ich mich, oder: Spiegelung

Ich habe noch einen weiteren Grund für unsere Rivalität herausgefunden, der auf den ersten Blick gar nicht so leicht zu erkennen ist. Es gibt diese Situation – jedenfalls kenne ich sie sehr gut –, da betritt eine Frau den Raum, und ich weiß sofort: Mit der kann ich nicht. Bei näherem Hinschauen habe ich bei solchen Erfahrungen meistens festgestellt, dass Menschen, bei denen das der Fall ist – manchmal sind es auch Männer, meist aber Frauen –, Seiten von mir ausleben, die ich an mir selbst ablehne, die mir aber zumindest große Mühe machen, oder die Seiten und Eigenschaften haben, die ich mir selbst nicht zugestehe.

So regt es mich in der Regel sehr auf, wenn Leute beim Einsteigen in den Zug oder an der Supermarktkasse drängeln. Bei näherem Hinsehen stelle ich fest, dass ich selbst auch häufig die Befürchtung habe, nicht an die Reihe oder zu kurz zu kommen. Innerlich drängele ich also auch, und nur meine Erziehung sorgt dafür, dass ich es (meistens) nicht tue. Meine Reaktion bedeutet also: Ich lehne die anderen ab, die mir diesen ungeliebten Charakterzug direkt unter die Nase reiben.

Ein anderes Beispiel: Mir fällt es schwer zu akzeptieren, dass ich manchmal auch schwach bin, sei es körperlich oder psychisch. Wenn jetzt irgendwo jemand in meinem Umfeld – besonders Frauen – die eigene Schwäche, und vor allem die vermeintliche Schwäche der Frau, hemmungslos auslebt, dann bringt mich das absolut auf die Palme.

Festzuhalten bleibt, dass bei Neid und Spiegelung mein Gegenüber, auf das ich mit Kampf reagiere, gar nicht die Ursache für meine Ablehnung ist, sondern dass der Grund bei mir liegt.

Wenn ich heute spontan Abneigung gegen eine Frau empfinde, dann hilft es mir fast immer, mich zu fragen, ob es etwas gibt, worum ich sie beneide, oder ob sie eine Seite meiner Persönlichkeit spiegelt, die ich ablehne. Oft entlastet mich diese Frage und hilft mir, freundlicher zu mir selbst zu sein, statt die andere zu bekämpfen und dabei noch mehr Selbstwertfedern zu lassen.

3. Wir haben es nicht im Griff, oder: Vertrauen ist gut, Kontrolle ist besser – oder etwa nicht?

Und noch einen Grund für Rivalität habe ich entdeckt, vielleicht sogar den gefährlichsten, weil subtilsten.

Wenn Frauen ständig miteinander im Wettstreit stehen und jede stets als Beste daraus hervorgehen will, wenn jede immer die Dünnste und Tüchtigste, die eifrigste Joggerin oder beste Köchin sein will, wenn jede das geschmackvollste Heim haben muss, die tollsten Kinder und den wundervollsten, attraktivsten und erfolgreichsten Mann, dann kann der Super-GAU für das Leben einer Frau folgendermaßen aussehen: übergewichtige Nur-Hausfrau ohne Berufsausbildung mit einem ebenfalls übergewichtigen, beruflich erfolglosen Partner (oder bereits von ihm verlassen) und Kindern, die in der Schule weniger als durchschnittlich sind und sich ständig prügeln.

Oft beäugen wir einander prüfend, nur um festzustellen, ob wir uns, was die vermeintlichen gesellschaftlichen Anforderungen angeht, noch im grünen Bereich befinden. Dabei stellen wir uns hier selten oder nie die Frage, wer diesen Maßstab eigentlich gesetzt hat und ob es überhaupt der unsere ist.

Nur manchmal wissen wir nicht so recht, was wir davon halten sollen, wenn Menschen, die all das Ersehnte und Angesagte erreicht haben, nicht glücklich sind. Mit denen kann doch was nicht stimmen, oder?

Wir hecheln dem hinterher, was wir für Erfolg halten, weil es uns als solcher verkauft wird, und setzen es mit Glück gleich und sind dann völlig fassungslos, wenn wir nicht glücklich sind, wo wir doch unter Einsatz unserer gesamten Kräfte alles oder wenigstens fast alles davon erreicht haben.

Dann verlässt uns vielleicht der Mann oder ein Kind gerät auf Abwege, wir werden krank oder gehen Pleite ...

Wir haben es nicht im Griff. So ist das, und wir wissen es alle. Und genau das macht uns wahnsinnig. Wir haben es nicht im Griff.

Ich habe manchmal den Eindruck, dass wir umso verzweifelter versuchen, unser Leben unter Kontrolle zu halten, je klarer uns wird, dass wir dazu eben nicht in der Lage sind. Hierbei wenden wir verschiedene Methoden an, von denen einige recht einfach und direkt sind. So versuchen wir beispielsweise unser Umfeld so planbar und berechenbar wie möglich zu machen, damit einfach nichts

Unvorhergesehenes passieren kann. Dies erreichen wir, indem wir den Menschen, mit denen wir zusammenleben, enge Grenzen stecken, damit wir möglichst genau kalkulieren können, was passiert. Oder wir stellen ein enges Gerüst von Regeln auf, deren Übertretung stets und sofort harte Konsequenzen nach sich zieht.

Aber es gibt auch die ganz unterschwelligen, manipulierenden Methoden, sich Kontrolle zu verschaffen und damit das Gefühl, die Kontrolle auch tatsächlich zu besitzen. Eine Methode besteht darin, seinen Kindern alles zu erlauben und keine eigenen Bedürfnisse anzumelden in der irrigen Annahme, dass sie uns dann ganz doll lieben, so sehr, dass sie von alleine tun, was wir wollen, und wir somit wieder die Kontrolle haben.

Oder wir legen unsere Kinder oder andere Menschen in unserem Umfeld auf bestimmte Verhaltensmuster oder Persönlichkeitsstrukturen fest, indem wir ihnen immer wieder sagen oder signalisieren, wie sie sind, sodass sie irgendwann gar keine andere Chance mehr haben, als wirklich so zu sein. Wir sorgen dafür, dass alles so läuft, wie wir wollen, und machen uns dadurch unangreifbar – zumindest hätten wir es gern so –, und manchmal wünschen wir es uns so sehr, dass wir wirklich glauben, es wäre möglich.

Die Ironie an diesem Vorgehen ist jedoch folgende: Je mehr wir versuchen, die Kontrolle zu bekommen, desto mehr müssen wir die Freiheiten der anderen und auch unsere eigenen beschneiden und damit einschränken. Denn Kontrolle und Freiheit schließen sich gegenseitig aus. Gleichzeitig gilt aber auch die Tatsache, dass Freiheit und Liebe sich gegenseitig bedingen – keine Liebe ohne Freiheit. Und Liebe, das ist es, wonach wir uns vor allem sehnen, denn sie ist ein Grundbedürfnis aller Menschen.

Deshalb strengen wir uns in schier unzähligen Bereichen unseres Lebens an und je mehr wir uns anstrengen und manipulieren und kontrollieren, desto unfreier und eingezwängter werden wir und desto weniger Liebe können wir geben – weder uns selbst noch anderen. Denn wir sind nicht mehr in der Lage und auch nicht willens, den anderen ihre Freiheit zu lassen, so zu sein, wie sie sind, und auch uns selbst diese Freiheit zuzugestehen. Woraus sich schließlich der Umkehrschluss ergibt, dass wiederum auch die anderen immer weniger bereit sind, uns die Liebe und das Angenommensein zu geben, wonach wir uns so verzweifelt sehnen.

Es ist ein Teufelskreis – ausweglos.

Seinen Ausdruck findet dieser Wunsch, die Kontrolle zu behalten, auch in recht unwesentlich wirkenden Verhaltens- und Denkweisen, von denen aber wiederum die Medienindustrie gewaltig profitiert: Viele Schwangerschaften zu durchleben und/oder schlechte Zähne zu haben führt dazu – das ist zumindest meine Erfahrung –, dass man sich in den Wartezimmern völlig ungehemmt und ungeniert in der Regenbogenpresse über die Promis und Fürstenhäuser dieser Welt informieren kann.

Dort wird Hera Lind hochgejubelt und nach einer angemessenen Frist der Mediendauerpräsenz mit großem Trara wieder entthront – alles akribisch dokumentiert. Merkwürdigerweise weiden wir uns am Aufstieg ebenso wie an der Demontage.

Wir bedauern die schwedische Kronprinzessin wegen ihrer Essstörungen, können uns aber auch nicht den Gedanken verkneifen: *Adelig und reich macht eben doch nicht glücklich.* Und wir entdecken bei uns Abgründe der Schadenfreude, wenn so manchen Promis, die uns aus welchen Gründen auch immer unsympathisch sind, das Leben übel mitspielt.

Claudia Schiffer sieht eben doch nicht immer toll und sexy aus und XY ist nach den sensationellen Diäterfolgen auch wieder dicker geworden – genau wie wir alle.

Wenn sich nicht so viele Menschen und ganz speziell Frauen durch diese Art der Kontrollillusion schöne Gefühle verschaffen könnten, vor allem das Machtgefühl, das sich einstellt, wenn man Menschen einordnet und beurteilt, dann gäbe es diese Art der *Berichterstattung* gar nicht. Was wir uns – zumindest behaupten wir das meist öffentlich – ganz doll wünschen. Die Auflagenzahlen und Vielfalt dieser Art von Zeitschriften straften aber diesen Wunsch ganz offensichtlich Lügen.

4. Vergleichen, oder: Wer vergleicht, verliert alles

Die bisher genannten drei Ursachen für ein rivalisierendes Verhalten unter Frauen haben gemeinsam, dass sie alle ihren Anfang im Vergleichen haben. Auf die eigentlichen Ursachen des Vergleichens werde ich später noch ausführlicher eingehen.

Mit dem Vergleichen beginnt das Teuflische am weiblichen Konkurrenzkampf und es bringt außerdem noch weitere negative Nebeneffekte mit sich, denn die Folge des Vergleichens ist unweigerlich, dass wir uns nicht mehr an dem erfreuen können, was wir haben, weil wir es einfach nicht mehr wahrnehmen. Wir sehen nur, dass unser Kind immer noch nicht durchschläft, beachten dabei aber leider gar nicht mehr, wie wunderbar und selbstvergessen es spielen kann und dabei so ganz und zufrieden ist. Wir hadern damit, dass unser Mann immer noch nicht das Eigenheim zusammenverdient hat, merken aber nicht, wie er uns als seine Frau liebevoll im Blick hat und sich um uns kümmert. Und wir sind sauer, dass die Kollegin befördert wurde, können uns aber nicht darüber freuen, dass wir selbst ein vertrauensvolles Verhältnis zu den Kollegen haben und Spaß an dem, was wir tun.

Am Ende bleibt uns nichts als Bitterkeit. Denn wir sehen uns selbst als Opfer und als die ewig zu kurz Gekommene. Dabei leben und handeln wir, als hätten wir keine Möglichkeit, uns gegen das ewige Vergleichen zu entscheiden, als wären wir ihm bedingungslos ausgeliefert und als hätten alle anderen nichts anderes im Sinn, als uns wie die großen „Verlierer" aussehen zu lassen. Ganz konkret sieht das dann so aus, dass wir unseren Wert nur noch über unseren Status als Opfer definieren.

Die anderen haben es ja alle viel, viel besser als wir. Sie haben kooperativere Männer, fügsamere Kinder und nicht so tyrannische Schwiegermütter – oder was es auch immer sein mag, das uns das Leben schwer macht. Die Aussage dahinter lautet: Ich kann gar nichts dafür, dass es mir so schlecht geht, dass ich im Vergleich zu den anderen so klein und mickrig aussehe, dass mein Wunsch nach Liebe und Angenommensein nicht erfüllt wird. Aber weil ich das alles aushalten kann, bin ich trotzdem etwas wert.

Das Tragische an dieser Grundhaltung ist: Wir leben eigentlich nicht, sondern lassen uns leben, und das macht uns traurig und zornig.

Solange ich mich mit anderen und deren Lebenssituationen vergleiche, wird es immer Punkte geben, bei denen ich gut dastehe – aber genauso gibt es auch immer die Stellen und Bereiche, an denen ich schlecht abschneide. Das bedeutet, dass ich, solange ich mich vergleiche, nicht ich werden kann, denn ich mache meinen Wert vom Urteil anderer Menschen abhängig. Doch das ist sehr verhängnisvoll, denn es gibt immer wieder Menschen, denen gar nicht daran gelegen ist, dass ich mich mit mir selbst wohl fühle und so, wie ich bin, in Ordnung bin.

Dies hat mir kürzlich die Freundin einer Freundin drastisch vor Augen geführt. Wir plauderten eine ganze Weile zu dritt, bis ich sagte: „So, jetzt muss ich nach Hause und bügeln."

Die besagte Freundin entgegnete: „Was, du bügelst noch?"

Ich antwortete darauf: „Ja, ich bügele fast die gesamte Wäsche, weil ich nicht möchte, dass jemand sagt: ‚Bei Balters' Kindern sieht man sofort, dass sie aus einer kinderreichen Familie kommen, so zerknittert, wie die immer herumlaufen.'"

Darauf meinte diese Bekannte: „Das finde ich ganz toll, wenn du alles bügelst. Dann können die Leute nämlich sagen: ,Also bei Balters' Kindern sieht man nicht, dass sie aus einer kinderreichen Familie kommen, die laufen immer herum wie aus dem Ei gepellt ... aber deren Vorgarten solltet ihr mal sehen ...'"

Sie verstehen, was ich meine? Die Frau, die etwas an mir zu nörgeln braucht, weil sie mich irgendwie unter die Füße bekommen muss, um sich selbst aufzuwerten, die wird immer etwas finden, was sie kritisieren kann. Zur Not denkt sie sich eben etwas aus. Auf ein solches Verhalten meines Gegenübers habe ich keinerlei Einfluss und kann es auch beim besten Willen nicht kontrollieren, auch dann nicht, wenn ich besondere Leistungen vollbringe oder eine vermeintliche Erwartung erfülle oder durch irgendetwas anderes, das ich tue.

Manchmal habe ich den Eindruck, dass wir die Menschen in unserem Umfeld nur noch benutzen, um anderen zu beweisen, wie toll wir sind, und das hat Folgen, denn wir nehmen ihnen dadurch den Wert und die Würde als einzigartige, kostbare Geschöpfe Gottes. Wir ordnen sie als „Objekte" zum Vorzeigen oder Sichschämen unseren eigenen Anstrengungen, toll dazustehen, unter. Und wir tun dies einzig und allein, um unser tief sitzendes Minderwertigkeitsgefühl zu vertuschen – das ist missbräuchliches Verhalten.

Ganz tief in unserem Inneren wissen wir das auch. Was wiederum zu noch mehr Schuld- und Minderwertigkeitsgefühlen führt und zu noch mehr Anstrengung und Beschämung, wenn wir es dann doch nicht schaffen, uns nicht mehr so zu verhalten.

Es gibt für uns keine Muße, keine Entspannung, kein Entrinnen aus dem Stress positiver, möglichst makelloser Selbstdarstellung. Wir sind gefangen in unseren Minderwertigkeitsgefühlen und nehmen unser Umfeld nur noch durch den Filter unserer Selbstwahrnehmung wahr. Und das kann letztlich Auswirkungen haben, die uns selbst tief beschämen:

Am ersten Geburtstag unseres ersten Kindes wollte ich alles ganz toll machen. Ich wollte die perfekte Mutter-Ehefrau-Hausfrau-Karrierefrau-Tochter-Schwiegertoch-ter-Freundin-Christin sein, denn es kamen Eltern, Schwie-gereltern, Freundinnen und, und, und. Also habe ich toll gebacken und richtig ausgiebig geputzt, wobei ich mit Mann und Kind nicht gerade geduldig war. Dann kam der Geburtstag. Alles war ganz wunderbar und ich wurde viel gelobt. Ein gelungener Tag – wenn, ja wenn doch nur abends das Geburtstagskind auch geschlafen hätte, was je-doch nicht der Fall war. Dabei schlief dieses Kind eigent-lich immer problemlos und früh ein. Was war nur los? Er schrie nicht, sondern quengelte monoton vor sich hin und schlief nicht.

Wir probierten alles Mögliche aus, um ihn zur Ruhe zu bekommen, bis ich mir – Böses ahnend – die Frage stellte, wann ich meinem Kind eigentlich zum letzten Mal etwas zu essen gegeben hatte. Die Antwort war: zum Frühstück. Er hatte zwar hier und da ein bisschen Kuchen genascht, aber keine richtige Mahlzeit bekommen. Wir holten ihn also aus dem Bett und er aß mit Heißhunger drei Scheiben Grau-brot. Dann schlief er ein – sofort.

Noch heute wird mir ganz mulmig, wenn ich nur an diesen Tag denke. Aber so etwas passiert uns eben. Und ich weiß – es passiert nicht nur mir. Weil wir meinen beweisen zu müssen, dass wir in Ordnung und möglichst noch etwas mehr sind, fügen wir anderen und auch uns selbst Schaden zu.

Wir leben nicht, sondern werden gelebt von unseren Minderwertigkeitsgefühlen, von unserem falschen Selbstbild und unserer Sehnsucht nach Liebe, Anerkennung und Geborgenheit. Wie entsetzlich anstrengend.

Mangel – Minderwertigkeit – Macht

Nun stellt sich natürlich die Frage, warum wir uns eigentlich vergleichen, wieso wir uns gegenseitig beurteilen und einordnen – obwohl ich in Gesprächen mit Frauen fast immer das Gefühl habe, sie hätten es gerne anders. Jede möchte gern so stehen gelassen werden, wie sie ist, und würde auch gern ihr Gegenüber stehen lassen, aber anscheinend können wir hier nicht das tun, was wir für richtig halten und uns darüber hinaus auch wünschen.

Kernpunkt im Umgang zwischen Frauen ist und bleibt im Grunde die Frage, woraus jede Einzelne ihr Wertgefühl bezieht – aus dem Tun oder dem Sein. Und ausschlaggebend ist hier unter anderem die Frage, wie ich als Kind Wertschätzung erfahren habe. War ich den Eltern willkommen? Wurde ich in eine intakte Partnerschaft hineingeboren und habe ich darin Sicherheit und Geborgenheit erfahren? Bin ich von den Eltern angenommen worden, wie ich war? Durfte ich sein, wie ich war? Wurde mir zugehört, wurde ich ernst genommen, hatte ich das Gefühl, wichtig und von Bedeutung zu sein?

Natürlich kann niemand all diese Fragen mit Ja beantworten, weil es keine perfekten Eltern gibt. Festzustellen ist aber, dass je weniger bei Kindern diese Voraussetzungen für die Entwicklung eines intakten Selbstwertgefühls erfüllt werden, desto größer ist bei ihnen der Mangel an Wertgefühl und desto stärker bilden sich Minderwertigkeitsgefühle heraus. Denn das Kind, das nicht vorbehaltlos angenommen ist, das stets Bedingungen erfüllen muss, um Bestätigung, Aufmerksamkeit und Zuwendung zu erfahren, das einfach nicht wahrgenommen wird, aus welchen Gründen auch immer, zieht den Schluss, dass mit ihm etwas nicht stimmen kann. Kinder geben immer sich selbst die Schuld, wenn sie leiden müssen und schlecht behandelt werden.

Wenn Mutter mich einfach nicht zur Kenntnis nimmt, mir nie zuhört und keine Zeit für mich hat, dann liegt das bestimmt an mir, ist die traurige Annahme. Und dadurch kommt es zu einem Lebensgrundgefühl, das besagt: „Ich bin nicht richtig und damit letztlich nichts wert!"

Um mit diesem Gefühl leben zu können und es zu kompensieren, wird fast immer der Erwerb von Macht eingesetzt und zwar Macht in ihren ganz unterschiedlichen Formen. Die eine Person übt Macht aus, indem sie Gewalt anwendet, sei es verbal oder körperlich. Jemand anderer entzieht sich oder verweigert sich völlig, indem er schweigt oder sich ständig vorwurfsvoll verhält. Wieder andere versuchen über andere Menschen in ihrem Umfeld möglichst viel Kontrolle zu bekommen. Und so geschieht es, dass man nicht einfach sein kann, wie man ist, sondern ständig etwas tun muss, um sich seine Machtposition zu erobern und seinen Wert unter Beweis zu stellen.

Und solange ich mir Macht aneignen muss – auf welche Weise auch immer, sei es durch üble Nachrede oder das Bewerten und Einordnen anderer, sei es durch ein ständiges Vergleichen, um mein fehlendes Wertgefühl zu kompensieren –, müssen Konkurrenz und Rivalität herrschen. Und bei genauerer Betrachtung geht es bei fast allen Rivalitätsgeschichten zwischen Frauen um Macht in Form von Status, Leistung, Klatsch und das Ausgrenzen anderer (Mobbing).

Die Frage, die wir uns wahrscheinlich alle hin und wieder stellen, lautet: „Wer bin ich denn noch – oder was bleibt von mir übrig ...

... ohne Partner?

... ohne Kinder?

... ohne beruflichen Erfolg?

... ohne Schönheit?"

(Diese Liste lässt sich beliebig fortsetzen.)

Bleibt also bei genauerem Hinsehen nur folgende Schluss-folgerung: Erst wenn wir uns selbst wertschätzen können, wenn wir mit unseren Stärken und Schwächen im Reinen sind und Frieden geschlossen haben, können wir auch unser Gegenüber wertschätzen und ihr in der Rolle, in der sie gerade ist, den Rücken stärken. Nur dann können wir unsere Fähigkeiten realistisch einschätzen, ohne uns selbst zu zerfleischen und uns Leute zu suchen, die noch schwächer oder schlechter dran sind als wir selbst, um mit dem Finger auf sie zu zeigen. Nur dann können wir uns entspannen, denn wir brauchen weder Maßstäbe zu setzen noch uns nach denen anderer zu richten. Wir dürfen ganz entspannt zu uns selbst stehen und damit auch unser Gegenüber stehen lassen.

Wir brauchen nicht mehr zu urteilen und uns auch nicht mehr an den Urteilen anderer zu orientieren. Denn die Urteile anderer über uns sind oft nur ein Spiegel ihrer eigenen Fähigkeit, sich selbst zu akzeptieren, nicht ein Hinweis auf die eigenen Unzulänglichkeiten. Wenn ich andere beurteile, hat das also weniger mit deren Macken und Makeln zu tun als mit der Tatsache, dass ich bestimmte Macken und Makel an mir nicht annehmen kann. Und interessanterweise sind dabei die Punkte, an denen ich andere beurteile, in aller Regel genau meine eigenen wunden Punkte.

Doch wie höre ich auf zu urteilen und mit anderen Frauen zu rivalisieren? Offenbar geht es ja nicht, auch wenn ich es mir fest vornehme.[*]

---

[*] Die Grundgedanken zu diesem Abschnitt habe ich gelernt und auch persönlich durchbuchstabiert bei Christa Weber, der Leiterin der Ichthys- Seelsorgearbeit. Ich bin ihr zutiefst dankbar für alles, was sie mir und anderen Menschen über die Zusammenhänge zwischen Minderwertigkeit und Macht und die Folgen vermittelt hat.

Kapitel 5

Allein geht man ein, oder:
Zum Glück gibt's die Busenfreundin

Wir brauchen nun aber all das Vergleichen, Rivalisieren und Beurteilen nicht ungetröstet und ohne seelischen Beistand zu ertragen, denn zum Glück gibt es außer den zahlreichen Rivalinnen im Leben der Frau auch die Instanz der Busenfreundin. Sie ist eine kostbare Einrichtung, denn im Unterschied zu den Männern in unserem Leben interessiert es sie, was wir sagen und fühlen, und mit ihr können wir *reden*.

Die Busenfreundin ist diejenige, die am meisten, ja sogar fast alles über mich weiß und umgekehrt. Sie ist die Adresse für Garderobenfragen wie für Selbstwertprobleme, für Liebeskummer und für andere „Frauenthemen". Mit ihr kann ich im Kino die romantischen Komödien anschauen, und sie geht auch mit, ohne dass ich sie dazu zwingen oder überreden muss. Sie versteht meine Gefühlslage immer und sie weiß, wie die Männer sind. Mit ihr kann ich über meine Gefühle und Bedürfnisse reden, ohne als Quittung ein Gähnen oder rastloses Unbehagen zu kassieren.

Die Busenfreundin weiß, wie es ist, überfordert zu sein. Sie bedauert mich, wenn ich müde, krank oder einfach lustlos bin. Wenn wir zusammen Eis essen gehen, weiß sie, welche Sorte ich am liebsten esse, und sie sagt mir auf nette Weise, wenn mir ein Kleidungsstück zu eng geworden ist. Und eine ganz besonders schätzenswerte Eigenschaft der Busenfreundin ist, dass sie gleich auf den ersten Blick erkennt, wann ich nur munter und kompetent tue, mich in Wirklichkeit aber klein und mickrig fühle.

In meiner Beziehung zur Busenfreundin kann ich die

Maske abnehmen und sein, wie ich bin, und das ist unglaublich entlastend. Sie ist eben die Eine, die mich kennt und trotzdem mag, die ehrlich, aber trotzdem nett zu mir ist.

Die Busenfreundin ist treu und stetig, sie hält mich auch dann aus, wenn ich richtig übel drauf bin.

Die Busen- oder auch beste Freundin ist, glaube ich, auch deshalb etwas so Wunderbares, weil unsere Partner mit unserem Bedürfnis, über das zu reden, was wir denken und vor allem auch fühlen, oft nicht so viel anfangen können. Und selbst wenn sie es können, verspüren sie nicht dasselbe Bedürfnis. Sie brauchen über bestimmte Themen wie beispielsweise über ihre Gefühle einfach nicht zu reden – zumindest glauben sie das.

Ich bin davon überzeugt, dass es für das seelische Gleichgewicht der meisten Frauen von großer Bedeutung ist, das, was sie denken und fühlen, auch in Worte zu fassen.

Mir war es früher oft ein bisschen peinlich, wenn ich merkte, dass ich erst dann genau wusste, was ich dachte oder fühlte, wenn ich es in Worte gefasst hatte – meistens im Gespräch mit Freundinnen. Doch seit ich herausgefunden habe, dass das nicht nur mir, sondern ganz vielen Frauen so geht, ist mir dabei wohler.

Ich bin davon überzeugt, dass Freundschaften zwischen Frauen so manche Frau vor schlimmster Verzweiflung bewahrt haben. Solche Freundschaften haben Ehen gerettet und Familien zusammengehalten und sie haben nach schmerzlichen Trennungen Frauen und Kinder förmlich gerettet.

Frauenfreundschaften sind etwas Besonderes, etwas Starkes, oft etwas Dauerhaftes und überaus Bereicherndes.

In ihrem Buch „Freundinnen", einem wunderschönen Fototextband, in dem Freundinnen ihre Freundschaft beschreiben, schreibt die Autorin Ute Karen Seggelke: „Ich entdeckte, welche Kraft aus diesen Frauenallianzen erwächst, welche immense Wichtigkeit die Freundschaft für die einzelnen Frauen hat. Und welche große Bedeutung Frauenfreundschaften auch gesellschaftlich haben.

Vertrauen, Fürsorge, Achtsamkeit, Respekt, Verantwortung, Zuwendung, das sind wesentliche Elemente der Frauenfreundschaften."[*]

Weil Freundschaften zwischen Frauen stark auf Kommunikation und Gespräch ausgerichtet sind, entsteht sehr schnell große Nähe, die einerseits die Sehnsucht nach Geborgenheit und Intimität stillt, andererseits aber auch außerordentlich verletzlich macht, weil durch die entstehende Offenheit schon recht bald Schwächen offenbar werden und Blicke hinter die Fassade der jeweils anderen möglich sind.

Nicht nur Friede, Freude, Eierkuchen

Und so habe ich persönlich Begegnungen zwischen Frauen auch oft als sehr ambivalent erlebt. Zum Beispiel fiel mir während einer Mütterkur auf, dass die Frauen in der Sauna zwar schamvoll ihre Schwangerschaftsstreifen, Kaiserschnittnarben und Hüftpolster bedeckten, sich aber über ihre offensichtlich noch vollkommen unverarbeiteten Lebenswunden für mein Gefühl völlig hemmungslos ausließen, und zwar Frauen gegenüber, die sie noch gar nicht oder nur kaum kannten.

In diesen Wochen erkannte ich an dem Verhalten meiner Mitpatientinnen, wie nah beieinander unsere Sehnsucht nach Verständnis und Annahme und die Angst, andere könnten erkennen, wie wir wirklich sind, liegen. Wir sehnen uns nach enger, vertrauensvoller Beziehung, haben aber auch die große und berechtigte Angst, durchschaut, enttäuscht oder verlassen zu werden.

---

[*] Ute Karen Seggelke, Freundinnen, Gerstenberg Verlag, 2001, S. 8.

Wir alle haben die sehnsüchtige Erwartung, Nähe zu erleben, jemanden bei uns zu haben, der uns versteht und kennt, der bleibt, ohne Bedingungen zu stellen – aber fast immer wird diese Erwartung enttäuscht. Wir sind nun einmal alle Menschen, die unvollkommen sind und sich deshalb gegenseitig enttäuschen und einander wehtun, sei es bewusst oder unbewusst.

Wenn wir solche Enttäuschungen bereits ein paar Mal erlebt haben, dann erfolgt oft eine der folgenden Reaktionen:

1. Wir verschließen uns ganz, werden zynisch und bitter und erwarten nichts mehr von anderen Menschen. Wir sind entschlossen, uns nicht mehr verletzen zu lassen, und verfolgen dieses Ziel, indem wir uns nicht mehr auf Beziehungen – zu wem auch immer – einlassen, nichts mehr von uns preisgeben, nichts mehr erwarten.
2. Wir rächen uns und bemühen uns, anderen die Fassade einzureißen. Wir reißen ihnen die Maske vom Gesicht, versuchen sie zu entblößen, ohne dabei selbst etwas von uns preiszugeben. Das verschafft uns ein Gefühl von Macht und wertet uns gleichzeitig vermeintlich auf.
3. Wir sind immer nur nett, machen es allen recht und strengen uns ganz doll an, damit uns so etwas wirklich nie wieder passiert. Das ist unglaublich anstrengend und mit der Zeit wissen wir auch nicht mehr so richtig, wo wir selbst aufhören und die anderen anfangen, aber das ist immer noch besser, als wieder verlassen zu werden, den Schmerz zu ertragen und allein zu sein.

Diese drei gängigen Reaktionsmöglichkeiten sind jedoch auch ein Zeichen dafür, dass wir bei unserer Freundin etwas gesucht haben, das uns selbst fehlt. Wir haben also an die andere eine Erwartung gestellt, die sie nicht erfüllen konnte, denn niemand – kein Mensch – kann unser tiefes Bedürfnis nach bedingungsloser Annahme erfüllen. Das kann weder der Ehemann noch eine Busenfreundin, weder die Eltern noch unsere Kinder.

Solange wir die Busenfreundin benutzen, um von ihr etwas zu bekommen, das uns fehlt, und an sie die Erwartung haben, dass sie unseren Mangel ausfüllen muss, uns vollständig und ganz machen muss, besteht keine Beziehung und schon gar keine Freundschaft, denn ein solches Verhalten ist – auch wenn es nicht bewusst geschieht – missbräuchlich. Niemand kann es aushalten, sein Gegenüber ständig nur zu bestätigen, seine Forderungen zu erfüllen, eben nur zu funktionieren und als Person mit eigenen Bedürfnissen, Schwächen und auch Grenzen selbst gar nicht vorzukommen.

Weil sich solche Prozesse oft völlig unbewusst und fast nie in böser Absicht vollziehen, ist manchmal die eine der Freundinnen wie vor den Kopf gestoßen, wenn sich die andere plötzlich entzieht, sich rachsüchtig verhält oder panisch klammert und einen nervt, weil sie einem die Luft zum Atmen nimmt.

Wissen ist Macht, oder:
ein Gleichgewicht des Schreckens

Oft zerbrechen genau an dieser Stelle Frauenfreundschaften. Und nicht selten erzeugt schon allein der Gedanke an das Ende einer solchen Busenfreundschaft große Angst, denn die andere – bereits erwähnte – Seite unseres Kommunikationsbedürfnisses ist Verletzlichkeit. Wenn die jeweils andere nämlich sehr viel über mich weiß, habe ich letztlich keine Kontrolle über sie. Ihre Kenntnis meiner Schwächen, geheimen Wünsche und eventuell auch Fehltritte ist mir einerseits Trost und Entlastung, andererseits aber auch Bedrohung. Was passiert, wenn wir in Streit geraten oder uns in den unterschiedlichen Erwartungen innerlich extrem voneinander entfremden, wenn wir uns gegenseitig so sehr enttäuschen, dass die andere über uns auspackt?

Vorsicht ist deshalb oft im hintersten Winkel unserer Seele immer noch die Mutter der Porzellankiste. Ich muss mein Gegenüber immer im Auge behalten, möglichst ihre Leichen im Keller genauso gut kennen wie sie meine. Es ist also irgendwie auch ein Gleichgewicht des Schreckens nötig. Deshalb muss ich auch hier versuchen, die Kontrolle zu behalten.

Letztlich bedeutet das jedoch, dass es auch in der Freundschaft leider keine wirkliche Entspannung gibt, dass ich mich auch dort nicht fallen lassen und einfach nur ich selbst sein kann. Ich muss also ebenfalls dort ständig zumindest ein bisschen in „Hab-Acht-Stellung" sein und somit bekomme ich auch in einer Freundschaft letztlich nicht die Annahme und Geborgenheit, die ich mir so sehr ersehne.

Ist unsere Suche, unsere Sehnsucht damit wirklich zum Scheitern verurteilt? Ist das, wonach wir auf der Suche sind und wonach wir uns ausstrecken – und das sind in der Tat ausnahmslos wir alle –, vielleicht nur ein Phantom?

Ist es möglich, dass fast alle Frauen – und auch Männer – sich ihr Leben lang nach etwas verzehren und etwas suchen, zu dem sie gar keinen Zugang haben oder das es vielleicht nicht einmal gibt?

Das wäre in der Tat fatal.

Kapitel 6

Die Sehnsucht hinter dem Ganzen, oder:
Was ist eigentlich Landhausstil?

Bisher war viel die Rede von Leistung, Konkurrenzdruck, Tüchtigkeit und Kompetenz. Wir Frauen und meistens auch die Männer – wenn auch auf ihre Art – rackern und mühen uns ab, um besser als die anderen und ganz toll zu sein. Wir wollen andere Frauen, unsere und vielleicht auch andere Männer und möglichst unser gesamtes Umfeld beeindrucken. Kraft und Trost suchen wir dabei oft bei der besten Freundin, allerdings auch längst nicht immer mit dem gewünschten Erfolg.

Was ist es also eigentlich, wonach wir uns offenbar verzehren, was für uns aber allem Anschein nach nicht aus eigener Anstrengung und auch nicht über andere Menschen, ob sie uns nun nahe stehen oder mit uns konkurrieren, zugänglich ist?

Vielleicht kommt es Ihnen jetzt ziemlich sprunghaft vor, aber ich möchte mich im Folgenden ein wenig mit dem Phänomen „Landhausstil" befassen.

Der Landhausstil ist zur Zeit total angesagt und irgendwie weiß auch jeder, was das ist. Es gibt eine ganze Reihe von Zeitschriften, die Möbel, Gärten, Häuser und Accessoires im Landhausstil vorstellen und beschreiben und natürlich auch zum Kauf anbieten. Einer der wenigen Märkte, auf denen es auch zur Zeit boomt. In besagten Zeitschriften wird nun der Landhausstil in den unterschiedlichsten Ausprägungen dargestellt. Da gibt es die englische Version mit viel Leder und Karos, aber auch Rosenmustern, oder die provenzalische Variante mit bunten, klein gemusterten Stoffen und Möbeln aus dunklem Holz und den amerikanischen Landhausstil mit den klassischen, sehr schlichten Shakermöbeln und Schaukelstühlen in wunderschön anzusehenden Holzhäusern mit großzügigen Veranden. Der Landhausstil ist also nichts Einheitliches, sondern es gibt innerhalb dieses Stils eine große Bandbreite und Vielfalt von schlicht und klassisch bis verspielt oder schnörkelig.

Den Landhausstil gibt es im Grunde schon sehr lange und er verliert offensichtlich nicht seinen Reiz, denn er findet immer wieder neue Anhänger und zur Zeit sogar besonders viele. Woran liegt das?

Ich bin auf zwei mir einleuchtend erscheinende Gründe gekommen:

1. Die weit reichende Begeisterung für diesen Stil liegt daran, dass wir immer mehr die innere Verbindung zu unserem Umfeld, unserem Lebensraum, zur Natur und damit auch zu uns selbst und unserem Lebensrhythmus verlieren. Unser Leben richtet sich nicht mehr nach dem Wechsel von Tag und Nacht, den Jahreszeiten, den Ruhe- und Wachstumsphasen in der Natur, Arbeits- und Sonn- und Feiertagen. Wir leben in künstlichem Licht, arbeiten häufig den ganzen Tag in künstlichem Klima, wissen oft nicht mehr, wie das, was wir essen, ursprünglich einmal ausgesehen hat, können rund um die Uhr einkaufen und uns amüsieren, können jederzeit in Kontakt treten mit Menschen auf der ganzen Welt, die wir nicht einmal sehen, haben keinen regelmäßigen Wechsel von Arbeits- und Ruhezeiten, weil wir unregelmäßig und oft Schicht arbeiten, und haben kaum noch Muße, denn pausenlos werden wir mit Informationen bombardiert, mit Kaufaufforderungen und Lebensmodellen, die uns als ideal angepriesen werden.

Wir sind für ein solches Leben eigentlich nicht geschaffen, weil es uns von unseren Wurzeln, unserem Menschsein entfremdet und wir mit der Hektik und Rast- und Ruhelosigkeit völlig überfordert sind.

Gott hat sich schon etwas dabei gedacht, als er Pausen eingeplant hat, in denen wir uns das, was um uns ist, und auch uns selbst ansehen und zu dem Urteil „sehr gut" kommen können.

Und weil wir Geschöpfe Gottes sind, wissen wir das auch. Es ist uns klar, dass durch diese Erkenntnis ein Gefühl inneren Mangels hervorgerufen wird, und der Landhausstil ist eine der Möglichkeiten, etwas, das innerlich und in unserem Umfeld nicht mehr vorhanden ist, äußerlich sichtbar wieder herzustellen. Das ist verständlich und legitim, kann aber die tiefe, dahinter stehende Sehnsucht nach Ursprünglichkeit, Einfachheit, geregeltem Lebensrhythmus und Muße nicht stillen und bleibt deshalb letztlich immer zu einem Großteil Ersatz und damit unbefriedigend.

2. Wenn man Menschen auffordert, einmal zu beschreiben, wie ihrer Meinung nach der Landhausstil aussieht, dann kommen in diesen Beschreibungen fast ausnahmslos auch Elemente ihres Elternhauses vor. Der Landhausstil ist also auch immer ein bisschen „so wie früher bei uns zu Hause". So gehören nicht ohne Grund zum Landhausstil oft Antiquitäten oder alten Einrichtungsgegenständen nachempfundene neue Dinge. Deshalb gehört ein Kamin oder Kachelofen fast immer dazu und zur richtig schicken Landhausküche gehört ein Hightech-Herd, der wie ein alter Kohleherd aussieht. Demnach ist uns auf diesem Gebiet alles recht, was für den Anschein von Heimeligkeit sorgt.

Quintessenz dieser Beobachtung ist also, dass der Landhausstil auch für das Nachhausekommen steht, für Ankommen, Angenommensein, Bleibendürfen und Geborgenheit. Danach sehnen wir uns auf jeden Fall alle.

Manchmal ist es einfach nur schön, Menschen zu besuchen, die im Landhausstil eingerichtet sind und zu denen dieser Stil auch passt, weil man ihnen den Wunsch abspürt, mit ihrem Umfeld, der Natur und sich selbst in Einklang zu sein. Aber manchmal wirkt der Landhausstil auch mausetot. Es gibt ein Landhausambiente, das mir persönlich kalte Schauer über den Rücken jagt, weil darin kein Leben ist. Ich meine damit Räume, in denen stimmen die Farben, Möbel und Accessoires perfekt, aber die Menschen, die darin wohnen, leben dort nicht wirklich, sondern demonstrieren nur, dass sie Geschmack oder Geld oder beides haben.

Nun stellt sich natürlich die Frage, was das mit dem Thema Rivalität zu tun hat. Ich glaube, dass hier im Landhausstil unsere tiefste Sehnsucht überhaupt zum Ausdruck kommt, und ich möchte diese in Form eines persönlichen Erlebnisses verdeutlichen:

Ich war als junge Frau ein Jahr lang als Austauschstudentin in den USA. Das kleine College, zu dem ich kam, befand sich im Mittleren Westen, genauer gesagt in Ohio, und eigentlich ging es mir dort bereits vom ersten Tag an sehr schlecht. Bedingung für mein Stipendium, von dem ich meinen Lebensunterhalt bestritt, war, dass ich neben meinem eigenen Studium dort Deutsch unterrichtete. Außerdem musste ich selbst einen Leistungsschnitt von mindestens 2,0 halten. Ich fühlte mich völlig überfordert, einsam und verlassen, auch weil ich nicht gerade in der allerbesten seelischen Verfassung angereist war.

Eines Abends, es war bereits Spätherbst und ziemlich kühl, ging ich wie jeden Abend vom College zu Fuß zurück nach Hause in mein Apartment, das ich gemeinsam mit einer amerikanischen Studentin bewohnte. Mein Weg führte an den Fenstern vieler Studentenapartments vorbei und weil es schon dämmerte, konnte ich in einige Wohnungen hineinsehen.

*Hinter einem der Fenster befand sich ein gemütlich ein-
gerichtetes Wohnzimmer. Es war behaglich beleuchtet und
auf dem Boden lag ein besonders schöner Teppich. Auf dem
Sofa saß in eine Decke eingekuschelt eine junge Frau und
las. Auf dem Teppich, an das Sofa gelehnt, ihr Partner –
ebenfalls lesend. Alles war in warmes Licht getaucht, ein
harmonisches, friedliches Bild und für mich der Inbegriff
von Geborgenheit.*

*In diesem Augenblick empfand ich ein Sehnen nach
einer solchen Geborgenheit, dass es mir körperlich regelrecht wehtat. Und das Schlimme, ich hatte nicht den Hauch
einer Ahnung, wie ich selbst so eine Geborgenheit erfahren
konnte, ganz abgesehen von meinem Status als Auslän-
derin.*

*Erleuchtete Fenster im Herbst hatten seit diesem Er-
lebnis immer etwas Sehnsuchtweckendes und Schmerz-
auslösendes für mich, und so manches Mal hat mich der
Anblick solcher erleuchteter Fenster vor Sehnsucht wirklich zum Weinen gebracht.*

Der Landhausstil steht also in gewisser Hinsicht für die
Erfüllung einer Sehnsucht, dieser Sehnsucht nach Heimkommen, Bleibendürfen, Angenommensein. Aber letztlich kann etwas so Äußerliches wie ein Stil niemals unsere
tiefe Sehnsucht stillen. Dinge können unsere Sehnsucht
nach Beziehungen, die unsere Seele berühren, nicht erfüllen.

Wir Menschen sind von Gott so geschaffen, dass es nur
einen einzigen Ort und eine einzige Stelle gibt, an der diese
Sehnsucht gestillt wird.

Gott hat uns Menschen geschaffen, weil er sich nach
Beziehung sehnte. Er wollte und will bis heute Kommunikation mit uns. Er wünschte sich ein Gegenüber, jemanden
zum Lieben, weil er die Liebe ist, weil sein Wesen Liebe
ist.

Er schuf die Menschen nach seinem Ebenbild. Damit

waren sie wie er selbst auf Beziehung ausgerichtet und angelegt. Das bedeutet auch, dass die Menschen sich wie er nach Beziehung und Liebe sehnten, was sie wiederum beides in erster Line von ihm bekommen sollten.

Wir Menschen, Männer ebenso wie Frauen, verspüren bis heute diese Sehnsucht nach Beziehung, nach bedingungsloser Liebe, und wir suchen beides an allen möglichen und unmöglichen Orten. Wir möchten so gern ankommen und bleiben dürfen. Wir würden so gern hören: „Komm herein, du bist willkommen, wie du bist, und du darfst bleiben, solange du möchtest."

Wenn wir Eltern und eine Familie gehabt haben, die uns dieses Gefühl vermitteln konnten, können wir ausgesprochen dankbar sein, denn wir bekommen dadurch ein Stück Erfüllung dieser Sehnsucht. Aber in letzter Konsequenz gibt es nur die eine Quelle der Bestätigung unserer Person als bedingungslos geliebt und angenommen – und diese Quelle ist Gott, der uns aus Liebe geschaffen hat und zu uns in Beziehung treten möchte.

Solange wir Bestätigung und Annahme woanders suchen als bei ihm, werden wir Mangel erleben und unsere Minderwertigkeitsgefühle mit Macht kompensieren müssen. Wir werden unweigerlich immer weiter miteinander rivalisieren und damit den zerstörerischen Kreislauf von Selbstablehnung, Rivalität und zerstörten Beziehungen fortsetzen. Dabei bleibt dann trotz all unserer Bemühungen immer noch unsere unerfüllte Sehnsucht nach Beziehung, Liebe und Bestätigung bestehen.

Solange wir nicht aus freiem Willen auf Gott zugehen und ihn in unser Leben bitten und damit zu ihm in Beziehung treten, bleiben wir unbestätigt, unbefriedigt, unsicher und ohne Identität. Solange wir nicht von Gott selbst gehört haben: „Du bist meine geliebte Tochter und an dir habe ich Gefallen", bleiben wir unbefriedigt und auf der Suche. Wir bleiben heimatlos und ungeborgen, sind weiterhin rastlos und immer in Gefahr, an den falschen Stellen anzudocken und dort Bestätigung und Liebe zu suchen, wo ebenfalls nur Mangel herrscht.

Nur wenn wir in Gott, in demjenigen, der uns kennt, weil er uns geschaffen hat, unsere Identität finden, sind wir zu Hause. Durch ihn haben wir ein inneres Zuhause, in dem wir sein und bleiben können, in dem wir uns selbst annehmen können, weil wir angenommen sind. Und nur durch dieses Angenommensein und die Selbstannahme, die daraus entsteht, können wir auch andere annehmen und sie stehen lassen, wie sie sind. Nur wenn wir wissen, wer wir selbst sind, nämlich bedingungslos von Gott angenommene Söhne und Töchter, können wir endlich die anderen uneingeschränkt stehen lassen. Dann können wir aufhören zu vergleichen, dankbar das ansehen, was wir haben, und die Rivalität hat endlich ein Ende.

Das Wunderbare an diesem liebenden Gott ist, dass er wartet. Er zwingt nicht zu dieser Beziehung zu ihm, sondern lässt uns Menschen die Freiheit, selbst zu entscheiden, wann und ob wir sie eingehen wollen. Oft brauchen wir sehr, sehr lange, um zu begreifen, wo unsere Lebenssehnsucht gestillt werden kann. Doch das Schöne ist, dass Gott wartet und uns selbst in unserem Kampf um Anerkennung liebt, auch in unseren Anstrengungen, gesehen und geliebt zu werden. Er wartet, oft bis wir vom Kämpfen und Mühen so erschöpft sind, dass wir unsere Grundsehnsucht, unser Scheitern und unseren Mangel nicht mehr verdrängen können und eine Entscheidung treffen müssen – für oder gegen diese Beziehung zu ihm. Er wartet den Zeitpunkt ab, ab dem wir nicht mehr die Kraft haben, unsere Maske zu tragen und die Fassade aufrechtzuerhalten, bis wir einfach so, wie wir sind, vor ihm stehen. Und dann sagt er zu dieser entblößten Gestalt, die noch übrig geblieben ist: „Ich liebe dich sehr, auch so, wie du jetzt bist."

Für mich persönlich war das absolut überzeugend und unglaublich entlastend. Endlich konnte ich aufhören zu kämpfen und zu versuchen, etwas zu beweisen.

Meine Sehnsucht, die ich einmal bei dem Anblick von erleuchteten Fenstern im Herbst empfand, ist, fast ohne dass ich es selbst gemerkt habe, einem Staunen gewichen, einem Staunen darüber, dass ich in dieser Beziehung zu Gott, in diesem Zuhause bei ihm, endlich auch bei mir selbst zu Hause bin. Seit ich in einer persönlichen Beziehung zu Gott lebe, bin ich mein eigenes warmes Zimmer, mein eigener Landhausstil. Ich bin mir selbst willkommen. Ich darf sein, wie ich bin.

Wie es dazu kam?

Mir wurde im Laufe meines Weges, den ich als Tochter meines Schöpfers gehe, klar, dass ich nur dann zu mir stehen und mich annehmen kann, wenn ich mich mit ihm zusammen auf den Weg mache und frage, wer ich eigentlich bin, wie er mich gemeint hat, als er mich schuf. Dazu gehört, dass ich mich frage, was mir gefällt und was nicht, was mir Spaß macht und was nicht, was ich mir wünsche, wovor ich Angst habe, was mich wütend oder traurig macht. Und je besser ich erkenne, wer und wie ich bin, desto weniger brauche ich mit anderen zu rivalisieren.

Aber woher weiß ich denn, dass es so ist? Woher weiß ich, was Gott will, wie er mich gemeint hat, was er von mir will und wie er sich eine Beziehung zu mir vorstellt?

Kapitel 7

Von Cappuccino, Beziehungen und:
Was wirklich wichtig ist

Bis hierher haben wir uns damit beschäftigt, wie wir merken, dass zwischen uns und anderen Frauen Rivalität herrscht, wie wir im Laufe des Lebens Rivalität auszuüben lernen und wie in dieser Rivalität auch immer wieder Männer eine dominierende Rolle spielen. Wir haben uns ausführlich mit den Bereichen befasst, in denen Frauen bevorzugt miteinander konkurrieren, und uns Gedanken über die Ursachen der Rivalität gemacht.

Als Nächstes war dann Freundschaft zwischen Frauen das Thema und die beste beziehungsweise Busenfreundin mit all ihren positiven und weniger positiven Seiten. Wir bewegten uns weiter in Richtung des Themas Identität und Annahme, in dem es um unsere Sehnsucht nach einem Zuhause, Liebe und Bestätigung ging und in dem Gott selbst, der Schöpfer, als liebendes Gegenüber ins Spiel kam.

Es war viel von unseren Grundsehnsüchten die Rede und davon, dass Gott selbst sie erfüllen will und auch kann. Und es wurde klar, dass das aber nur geht, wenn wir mit ihm in Beziehung treten und sein Angebot in Bezug auf Zusammengehörigkeit und Beziehung annehmen.

Das alles hört sich vielleicht doch noch ein bisschen theoretisch an und so manche wird sich vielleicht fragen: Woher weiß die Autorin, dass es so ist? Und wie genau funktioniert das? Was kann diese Beziehung zu Gott ändern? Was muss ich tun, um sie zu bekommen? Und warum ist diese Beziehung auch im Zusammenhang mit Rivalität, Neid und anderen (selbst)zerstörerischen Verhaltensweisen so wichtig?

Ich möchte diese Zusammenhänge mit Hilfe einer weiteren Geschichte verdeutlichen. Die Geschichte ist teilweise wahr, zum Teil aber auch frei erfunden. Was wahr und was erfunden ist, bleibt der Phantasie – oder dem Realitätssinn – der Leserin überlassen. Also:

Ich liebe die italienische Lebensart und meiner Meinung nach gehört mit zum Besten, was die Italiener erfunden haben, der Cappuccino*! Cappuccino ist für mich anregend und inspirierend, aber auch sanft, tröstlich, mütterlich, behaglich – und der Inbegriff von Pause, Innehalten, Träumen und Die-Seele-baumeln-lassen – ganz besonders, wenn viel Schaum drauf ist und in der Schokolade auf dem Schaum ein Hauch von Zimt.*

Mein Mann liebt mich. Das merke ich nicht zuletzt an ganz vielen Kleinigkeiten in unserem oft sehr turbulenten Alltag. Er schenkt mir häufig – nicht zu häufig – Blumensträuße, die mir die Seele wärmen. Oft sind sie nicht einmal groß, aber eben genau richtig.

Er bringt mir Cappuccino, nicht den aus der Tüte, sondern richtigen, selbst gemachten, genau in dem Augenblick, in dem ich der Kapitulation vor meinem jeweiligen Projekt ganz nahe bin. Oder er unternimmt etwas mit allen fünf Kindern, wenn ich einmal Ruhe brauche. Er hört sich meine Gedanken und Träume an. Er weiß, wie ich ticke, und ich spüre das als seine Liebe.

Vor einiger Zeit hat mir mein Mann nun eine Cappuccinomaschine selbst gebaut und zwar in Form von zwei ineinander verschlungenen Herzen (na ja, das ist vielleicht ein bisschen übertrieben, aber ...). Er hat sie mir, unmittelbar bevor er zur Arbeit ging, hingestellt und er hat im Hinausgehen noch gesagt: „Lies den Brief, der daneben liegt, bevor du das Gerät benutzt."

Himmlisch! Cappuccino! Sofort nehme ich das wunderbare Gerät in Gebrauch – Genuss pur ...

Den Brief vergesse ich in meiner Begeisterung – oder war es Gier?

Wochen später bemerke ich, dass das Gerät entkalkt werden muss. Essigessenz rein und los geht's.

Sie wissen, was kam? Richtig – gar nichts mehr. Ich hatte das Gerät ruiniert. Es röchelte noch ein wenig vor sich hin, bevor es schließlich ganz den Geist aufgab. Da fiel mir der Brief wieder ein. Wo hatte ich den noch gleich hingelegt? Ach ja, da lag er – immer noch ungeöffnet.

Er enthielt Zeilen meines Mannes, in denen er über seine Gefühle zu mir sprach. Das tut er nicht so häufig und schriftlich bis zu diesem Zeitpunkt noch nie. Mir wurde warm ums Herz.

Und am Schluss erklärte er dann noch, warum er die Maschine für mich gebaut hatte, nämlich um dieses Cappuccinowonnegefühl mit ihm in Verbindung zu bringen.

Nur eines dürfe ich niemals tun – das Gerät mit Essigessenz entkalken, weil dadurch die wichtigsten Teile verätzt würden und dann nicht mehr funktionierten.

Aber es war zu spät und jegliche Reue vergeblich. Ich hatte meinen Mann enttäuscht, mich selbst um seinen Liebesbeweis und den Genuss gebracht – aus Unachtsamkeit, Bequemlichkeit, Besserwisserei (das brauche ich doch nicht zu lesen, ich weiß schließlich, wie Kaffeemaschinen funktionieren) und weil mir die sofortige Befriedigung meiner Cappuccinolust wichtiger gewesen war als alles andere. Ich hatte nur mich im Blick gehabt und weder dem Schenker noch dem Geschenk angemessene Aufmerksamkeit geschenkt – mit bösen, nicht mehr zu behebenden Folgen.

An manchen Stellen ist der Vergleich vielleicht ein wenig gewagt, aber für mich steht diese Geschichte für die Beziehung zwischen Gott und den Menschen, also auch zwischen Gott und mir.

In der Bibel steht, und zwar ganz am Anfang, dass Gott die Erde, das Weltall und alles auf der Erde schuf und es danach als „sehr gut" befand – einschließlich der Menschen. Gott hatte Sehnsucht nach Beziehung, nach einem Gegenüber und deshalb schuf er den Menschen „nach seinem Ebenbild". Er schenkte dem Menschen ein Umfeld, in dem er leben konnte, in dem er versorgt war, und gab ihm die Verantwortung darüber. Und schließlich schuf er seine Entsprechung: „Sie wurde aus einem Teil von mir gemacht." Auch diese Entsprechung war als Gegenüber gedacht und dazu, in Beziehung zu treten. Sie sollten sogar miteinander eins werden, sich also eng verbinden.

Nach Aussage der Bibel lebten Gott und diese Menschen in einem harmonischen, vollkommenen Miteinander, ohne Masken und Fassaden. Sie waren nackt und schämten sich nicht. Alles, was Gott geschaffen hatte, segnete er.

Festzuhalten bleibt, dass die erste und wichtigste Beziehung der Menschen, die Gott geschaffen hat, die Beziehung zu ihm war. Er war ihr Schöpfer, durch ihn bezogen sie ihre Identität. Weil sie ihre Identität kannten, wussten sie, wer sie waren. Weil sie ihren Wert direkt aus der Beziehung zu Gott bezogen, brauchten sie sonst nirgends Bestätigung zu suchen. Sie konnten in sich ruhen und waren mit Gott, der Welt und sich selbst im Einklang. Misstrauen, Neid und Rivalität hatten keinen Platz, weil sie schlicht überflüssig waren. Es gab nichts zu beweisen. Paradiesische Zustände – eben genauso, wie es in der Bibel in der Schöpfungsgeschichte beschrieben wird – und Gott hatte seine Freude daran. „Es war sehr gut."

Das, was er geschaffen hatte, funktionierte nicht nur, sondern es war „sehr gut". Es war für alles gesorgt, niemand brauchte sich abzumühen und zu schuften. Es gab Arbeit und Ruhe, den Rhythmus der Natur und Beziehungen zu Gott und den Mitmenschen, in denen die Menschen sich entfalten konnten.

Gott gibt den Menschen also quasi eine Gebrauchsanleitung mit auf den Weg. Er sagt, dass die erste und wichtigste Beziehung in unserem Leben immer die Beziehung zu ihm sein muss, dass er Gott bleiben muss, damit sie ihr

Menschsein und ihre Beziehung zu ihm leben können. Alle anderen Beziehungen im Leben der Menschen sind dieser Beziehung zum Schöpfer untergeordnet. Er lässt keinen Zweifel daran, dass er weiß, was ihnen gut tut, was ihnen schadet, und dass er ihr Bestes will.

Und so wie diese ersten Menschen liebt Gott uns alle. Ja, auch an der Gebrauchsanweisung hat sich bis heute nichts geändert. Wie im vorigen Kapitel beschrieben, ist in uns allen diese Sehnsucht nach dem Heimkommen zum Schöpfer angelegt. Deshalb suchen und suchen wir – nicht selten an den unmöglichsten und auch gefährlichen Stellen –, können aber erst wirklich innerlich zur Ruhe kommen und unseren Frieden finden, wenn wir bei Gott angekommen sind und zu ihm in Beziehung treten.

Gott sagt in seiner „Gebrauchsanweisung" also, dass die Menschen nur befriedigende Beziehungen untereinander und zur gesamten Schöpfung haben können, wenn die Beziehung zu ihm die erste und wichtigste in ihrem Leben ist. Er sagt: „Wenn ihr keine Beziehung zu mir habt oder die Beziehung zu mir den anderen Tagesordnungspunkten und Beziehungen in eurem Leben untergeordnet ist, zerstört ihr euch nicht nur gegenseitig, sondern macht euch damit auch selbst kaputt."

Nun ist aber hinlänglich bekannt, dass wir Menschen nichts Eiligeres zu tun hatten, als die „Gebrauchsanweisung" und auch die Begründung dafür, nämlich die Liebeserklärung des Schöpfers an seine Geschöpfe, in irgendeiner Schublade verschwinden zu lassen und das, was Gott uns anvertraut hatte, auf unsere Weise zu nutzen und zu genießen, ohne es in dem großen Zusammenhang der Liebe Gottes zu sehen. Die Menschen bestimmten selbst, was gut und richtig für sie war. Sie stellten sich selbst und nicht mehr Gott und die Beziehung zu ihm in den Mittelpunkt ihres Interesses, mit fatalen Folgen, wie wir alle wissen. Und was besonders interessant ist: So, wie Gott Männer und Frauen unterschiedlich geschaffen hatte, waren auch die Folgen dieser Abwendung von Gott für Männer und Frauen verschieden. Die Bibel gibt detailliert darüber Auskunft, welche Folgen es jeweils waren.

Folgen für die Frauen

„Du wirst viel Mühe haben in der Schwangerschaft. Unter Schmerzen wirst du deine Kinder zur Welt bringen. Du wirst dich nach deinem Mann sehnen, aber er wird dein Herr sein" (1. Mose 3,16). So beschreibt Gott der Frau die Folgen dieser Prioritätenverschiebung in ihrem Leben. Die Folge dessen, dass sie nicht mehr ihn als erste Beziehung im Blick hat, sondern selbst bestimmen will, was wichtig und unwichtig, was richtig und falsch, was gut und böse ist, besteht darin, dass sie sich in ihrer Identität als Frau unsicher ist. Das, wozu sie geschaffen ist, und genau das, worin sie Gott ähnlich ist – darin nämlich, dass sie Leben hervorbringen kann –, wird für sie ein für alle Mal zu einer schmerzhaften Angelegenheit. Und darüber hinaus ist auch das, was Gott zu ihrer Bereicherung und Entlastung, als Schutz und Quelle der Lust geschaffen hat, nämlich die harmonische und ergänzende Beziehung zum Mann, für immer aus dem Lot geraten.

Bis heute hat sich daran nichts geändert.

Wir als Frauen sind seit unserer Loslösung von unserer Primärbeziehung zu Gott in unserem Frausein unbestätigt und suchen bis heute überall nach dieser Bestätigung. Wir konkurrieren mit Frauen, um unseren Wert als Frau zu beweisen – vornehmlich in den in Kapitel 3 bereits erwähnten Bereichen –, und leben deshalb in gestörten Beziehungen zu ihnen. Weil wir uns von unserer Quelle der Bestätigung abgewandt haben, sind wir in unserer Identität zutiefst verunsichert und bleiben beständig auf der Suche nach dieser Annahme und nach dem inneren Zuhause – unserem „Landhaus".

Wir suchen es in Leistung, was darin seinen Ausdruck findet, dass wir unseren Wert über unser Tun definieren statt über unser Sein.

Wir suchen es bei der besten Freundin, die uns versteht, die aber fast immer genauso wie wir selbst ebenso unbestätigt und innerlich heimatlos ist.

Weil wir nun aber in unserer Identität als Frau von Gott unbestätigt bleiben, wenn wir nicht in einer persönlichen Beziehung zu ihm stehen, suchen wir jetzt diese Bestätigung, die nur Gott allein uns geben kann, beim Mann. Der wiederum ist damit jedoch überfordert und frustriert, weil er uns offenbar nie zufrieden stellen kann. Deshalb reagiert er darauf, indem er sich abwendet und sich als Gegenüber verweigert. Er wird zu unserem (Be)herrscher, weil wir uns von seiner Bestätigung abhängig machen, und er gewinnt Macht über uns, indem er uns genau diese Bestätigung vorenthält. Ein Kreislauf, aus dem es scheinbar – schaut man sich die Jahrtausende seit der Erschaffung des Menschen an – kein Entrinnen gibt und dessen Auswirkungen sich kontinuierlich verschlimmern.

Folgen für den Mann

„Deiner Frau zuliebe hast du mein Verbot missachtet. Deshalb soll der Ackerboden verflucht sein! Dein ganzes Leben lang wirst du dich abmühen, um dich von seinem Ertrag zu ernähren.

Du bist auf ihn angewiesen, um etwas zu essen zu haben, aber er wird immer wieder mit Dornen und Disteln übersät sein.

Du wirst dir dein Brot mit Schweiß verdienen müssen, bis du stirbst" (1. Mose 3,17-19).

Auch hier sind die Folgen der Loslösung von Gott als unserer Primärbeziehung im Leben bis heute erkennbar. Es gibt keinen Frieden für den Mann, keine Gewissheit und

Bestätigung in der Rolle des Versorgers, sondern es gilt, stets gegen Widerstände anzukämpfen, sich abzumühen, um Mann zu sein und der damit verbundenen Rolle gerecht zu werden. Es kämpfen Männer gegeneinander um Land (heute eher im übertragenen Sinne um Erfolg und Status), und sie mühen sich unendlich ab, um zu beweisen, wer in dieser Kämpfer- und Versorgerrolle den höchsten Rang hat. Es wird verglichen, gerauft, um Macht gerangelt, und das alles letztlich, weil man es der Frau recht machen wollte und auf sie gehört hat.

Was bleibt, sind Sehnsucht nach Bestätigung als Mann, Rivalität zu Männern und keine Anerkennung der eigenen „Leistung" durch die Frau, die beim Mann etwas sucht, was er weder geben kann noch will.

Das, was von Gott als entlastende, beglückende Beziehung gedacht war, wird zur nicht enden wollenden Anstrengung, die regelmäßig in Frust und Enttäuschung endet, weil niemand bekommt, was er sich wünscht und wonach er sich sehnt.

Wenn also hin und wieder in den Medien das beliebte Thema der genetischen „Unverträglichkeiten" von Männern und Frauen aufgegriffen wird, dann ist das so eine Sache. Denn letztlich ist die Inkompatibilität von Mann und Frau, die ja augenscheinlich vorhanden ist, ein geistliches und kein biologisches, sprich genetisches Problem.

Nicht unsere Entstehung, die Art, wie wir „konstruiert" sind, ist demnach die Ursache für diese Inkompatibilität, sondern unsere Autonomiebestrebungen und unsere Entscheidung, unsere Identität und unseren Wert nicht bei Gott zu suchen und an ihm festzumachen. So gesehen haben wir selbst sehr wohl etwas mit dem „Kampf der Geschlechter" zu tun und er ist kein unabänderliches, uns in die Wiege gelegtes Schicksal.

Betrachtet man nun die Beziehungen zwischen Frauen, die zwischen Männern und auch die Beziehungen der Geschlechter untereinander, kann das durchaus deprimierend sein. Alles kaputt, könnte man sagen. Es wird gegeneinander gekämpft und sich abgemüht, um Glück, Macht und die besten Plätze gerangelt – kurz: Es herrscht Rivalität und niemand erlangt das so sehr erstrebte Selbstwertgefühl, Bestätigung und letztlich auch Glück und Zufriedenheit.

Für mich persönlich ist die Beschreibung der Folgen dieser in der Bibel als „Sündenfall" bezeichneten grundlegenden Loslösung des Menschen von Gott ein weiteres Indiz dafür, dass es nur einen gibt, der genau weiß, wie wir Menschen ticken, der weiß, was wir brauchen und was uns zerstört – weil er uns geschaffen hat.

Und ein weiteres Indiz dafür, wie sehr ihm an dieser Beziehung zu seinen Geschöpfen liegt, wie weit seine Liebe zu uns geht, ist die Tatsache, dass er uns nicht in unserem selbst gemachten Elend hat sitzen lassen. Er liebt uns nämlich so sehr, dass er irgendwann sagte: „Okay, sie haben es offensichtlich nicht kapiert. Ihnen ist nicht klar, wie viel mir an ihnen liegt, an jedem Einzelnen, wie sehr ich mich nach dieser innigen Verbindung zu ihnen sehne, wie sehr ich sie liebe. Deshalb werde ich ihnen noch einmal ganz deutlich zeigen, wie ich bin."

So hat er zu diesem Zweck seinen Sohn Jesus Christus auf die Erde geschickt. Wer ihn sieht, sieht Gott selbst, sieht den Vater.

Und jetzt kommen wir noch einmal zurück auf unser inneres Zuhause, auf unseren inneren Landhausstil. Wenn wir uns ansehen, wie Jesus mit Menschen umgegangen ist, wie er wirklich bedingungslos geliebt hat (und immer noch liebt), wie er niemanden weggeschickt hat, der zu ihm in Beziehung treten wollte, wie er Menschen angenommen hat, so wie sie waren – gesellschaftliche Außenseiter und hoch angesehene Bürger, Gesunde und Kranke, Männer, Frauen und Kinder –, dann können auch wir uns trauen, zu uns zu stehen und uns zu bejahen. Wenn es wirklich stimmt, dass Gott, der Vater, mich so annimmt und bejaht und mich für wertvoll erachtet, wie Jesus es zu seinen Lebzeiten auf der Erde praktiziert hat, dann brauche ich meine Bestätigung nicht mehr an anderen Orten zu suchen. Denn was will ich mehr als bedingungslose Liebe?

Wenn wir von der Liebe und in der Liebe dessen leben können, der kriminelle, unmoralische, aussätzige und verstoßene Menschen zu sich gerufen und körperlich, geistlich und seelisch geheilt – sie gesund geliebt hat –, dann können wir wieder Hoffnung schöpfen.

Für mich persönlich bedeutet das, dass ich sagen darf: Wenn Jesus mich so lieben kann, wie ich bin, dann darf ich das auch. Dann darf ich ebenfalls ja zu mir sagen und brauche mir das weder von Frauen noch von einem Mann ständig bestätigen zu lassen. Dann darf ich einfach ich sein, ohne durch den Rost zu fallen, nicht mehr dazuzugehören oder ausgestoßen zu sein.

Ich muss mich nicht mehr übermenschlich anstrengen, um zu beweisen, dass ich doch eigentlich ganz toll bin – und immer ein bisschen besser als die anderen –, sondern ich kann mich entspannen, darf Fehler machen und sogar scheitern. Ich darf mal toll und mal doof sein, darf genießen und mich freuen.

Wenn Jesus gut zu mir ist und zu mir steht und mich dadurch in meinem Sosein bestätigt, dann darf auch ich selbst Ja zu mir sagen, mich gut behandeln und dadurch auch aufhören, an anderen herumzunörgeln und statt dessen gut zu ihnen sein.

Wenn ich den in mein Leben bitte, der Ja zu mir sagt, mich zur Beziehung einlädt, der mir seine bedingungslose Liebe zusagt und auch zeigt, dann brauche ich niemandem mehr etwas zu beweisen, auch nicht mir selbst. Erst dann kann Rivalität endlich ein Ende haben.

Jetzt muss ich ebenfalls nicht mehr um Kontrolle kämpfen und versuchen, alles in den Griff zu bekommen, indem ich manipuliere oder auf andere Art Macht ausübe, denn was auch passiert, Jesus bleibt – und ich darf auch bleiben.

Er hält mich fest, wenn ich mich festhalten lasse – auch im Scheitern, auch in Verlusten, auch in unerträglichem Leid und Schmerz.

Er geht nicht weg, denn er hat versprochen: „Ich bin bei euch alle Tage bis ans Ende der Welt" (Matthäus 28,20).

Vor dem Hintergrund und auf dem Fundament seiner bedingungslosen Liebe zu mir lerne, ich mich selbst zu lieben. Wenn ich mich selbst liebe, mir selbst Freiheit gewähre – die Freiheit, sein Kind zu sein –, mich von ihm beschenken und mir von ihm Gutes tun zu lassen, dann lerne ich dabei auch, andere zu lieben und ihnen ebenfalls Freiheit zu gewähren, die Freiheit, so zu sein, wie sie sind. Erst dann, wenn sie sich in einer Beziehung frei entscheiden können, ist auch Veränderung möglich.

Lieben ist immer Loslassen. Loslassen ist das Ende von Rivalität und Kontrolle.

Ein solches Loslassen ist stets mit Risiken verbunden, das ist wohl wahr. Wir haben nämlich keine Garantie dafür, dass unsere Liebe erwidert wird – außer bei Jesus, dem Einzigen, der mich immer grenzen- und bedingungslos liebt, wie ich bin, und nicht, wie ich sein sollte.

Rivalität ist immer Kampf, ist nichts anderes als ein Krieg, den wir letztlich gegen uns selbst führen. Doch wir dürfen aufhören zu kämpfen. Wir dürfen nach Hause kommen. Wir dürfen in unser inneres Landhaus einziehen und Jesus ist immer schon da, und er sagt: „Schön, dass du kommst, ich habe schon so lange auf dich gewartet. Komm, setz dich zu mir."

Und zu mir würde er sagen: „Ich habe dir schon einen Cappuccino gemacht mit viel Schaum, Schokolade und einem Hauch Zimt."

Kapitel 8

Maria und Marta –
zwei Schwestern im Clinch
und andere Rivalitätsgeschichten
aus Jesu Umfeld

Jesus ist also derjenige, der uns annimmt, wie wir sind, der uns ein inneres Zuhause geben kann, weil er uns unseren Wert bestätigt. Das Ende aller Rivalität – eigentlich –, wie wir festgestellt haben.

Weil wir nun aber Menschen sind, Menschen aus der Zeit nach der Loslösung von Gott als der ersten, wichtigsten Bezugsperson in unserem Leben, haben wir zwar diese Riesenchance, in Beziehung zu Jesus zu treten und durch ihn auch wieder in Beziehung zu unserem Schöpfer zu kommen, aber wir leben eben vorerst in einer Welt, die vom Sündenfall gezeichnet ist. Sprich, wir sind immer noch geprägt von den falschen Prioritäten derer, die nicht mehr in der Beziehung zu ihrem Schöpfer und Erlöser leben wollten.

Das Reich Gottes, die Art von Leben und Beziehungen, für die wir nach Gottes Plan eigentlich gedacht sind, ist demnach zwar durch Jesus Christus auch hier auf der Erde bereits angebrochen, aber in letzter Vollendung ist es noch nicht vorhanden. Aus diesem Grund war auch Jesus während seiner Lebzeiten auf dieser Erde ständig mit Situationen konfrontiert, in denen Rivalität herrschte.

Wie ging er nun damit um? Wie hat Jesus reagiert, wenn ihm auch unter den Menschen Rivalität begegnete, die sich zu ihm bekannten und ihn als Sohn Gottes anbeteten und ihm nachfolgten?

Ein wunderbares Beispiel für die Reaktion Jesu auf rivalisierende Anhängerinnen ist die Geschichte von Maria und Marta:

Als sie aber weiterzogen, kam er in ein Dorf. Da war eine Frau mit Namen Marta, die nahm ihn auf.
Und sie hatte eine Schwester, die hieß Maria; die setzte sich dem Herrn zu Füßen und hörte seiner Rede zu.
Marta aber machte sich viel zu schaffen, ihm zu dienen. Und sie trat hinzu und sprach: „Herr, fragst du nicht danach, dass mich meine Schwester lässt allein dienen? Sage ihr doch, dass sie mir helfen soll!"
Der Herr aber antwortete und sprach zu ihr: „Marta, Marta, du hast viel Sorge und Mühe. Eins aber ist Not. Maria hat das gute Teil erwählt; das soll nicht von ihr genommen werden."
Lukas 10,38-42

Ein Klassiker in Sachen Frauenrivalität, könnte man meinen. Da ist die eine, die sich faul hinsetzt, und die andere, die natürlich wieder mal alles allein machen muss. Eine Situation, die ich doch selbst auch kenne. Da sind die Mütter im Kindergarten, die beim Kuchenbacken nie auf einer Liste stehen und die zum Sommerfest bevorzugt Senf und Ketchup beitragen, weil man davon wirklich nichts selber machen kann, sondern es fertig kaufen muss.

Es gibt eben immer diejenigen, die sich einen lauen Lenz machen und es trotzdem immer irgendwie schaffen, in den Dunstkreis der „richtig wichtigen" Leute zu kommen. Diese Typen haben zwar stets was zu sagen, halten sich aber vornehm zurück, wenn es darum geht, mal richtig zuzupacken.

Ich mache die Erfahrung, dass in Zeiten, in denen ich mich selbst überfordere, keine Pausen mache und verbissen meine Arbeit tue, sich irgendwann unweigerlich bei mir der Eindruck einstellt, dass mich alle im Stich lassen und ich die Einzige auf dieser Welt bin, die arbeitet. Alle Welt lässt sich von mir bedienen und ich (Arme) muss ihnen alles recht machen. Ich glaube, dass man immer dann, wenn man absolut überfordert ist, die Gegebenheiten um einen herum auf diese Weise wahrnimmt.

Wahr ist aber auch, dass ich von dieser Sichtweise und Grundhaltung stets auch selbst profitiere, denn ich bin in ihr die Tüchtige. Ohne mich läuft nichts rund. Ich schaffe das schon und bin deshalb ganz toll – eigentlich sogar toller, weil tüchtiger als die anderen.

Auch Marta ist so, wie ich es manchmal bin. Sie begibt sich ihrer Rolle gemäß in die Küche, um Gastfreundschaft walten zu lassen und nicht zuletzt auch den Gast dadurch zu beeindrucken. Als sie aber sieht, dass ihre eigene Schwester nicht mit anpackt, sondern in Jesu Nähe bleibt, sich in dessen Gegenwart sonnt und die unmittelbare Beziehung mit ihm pflegt, indem sie ihm zuhört, statt mitzuhelfen, da platzt ihr der Kragen. Es folgt, was in einer solchen Situation folgen muss – Vorwurf und Forderung. Doch Marta richtet beides nicht direkt an ihre Schwester. Sie tritt nicht mit ihr in Beziehung, indem sie sie anspricht, sondern sie wendet sich an die Autorität Jesus, den Gast. Der, so meint sie, soll doch jetzt mal seine Autorität einsetzen und ihrer Schwester so richtig die Leviten lesen und sie zur Räson bringen.

Aber was tut Jesus? Auf wessen Seite schlägt er sich?

Natürlich ergreift er die Partei der Fleißigen, sollte man meinen. Oder nein, er ist wahrscheinlich doch eher auf der Seite derjenigen, die ihm zuhört, ihm zu Füßen sitzt und ihm nahe sein will.

Jesus tut weder das eine noch das andere, auch wenn die Geschichte oft so gelesen wird, als sei das Hören auf Jesus wichtiger als das Tun. Vielmehr nimmt Jesus der Situation den Stachel der Rivalität, indem er die Rollen der beiden nicht wertet und indem er nicht vergleicht.

Er sagt nämlich *nicht*, das Maria das bessere Teil gewählt hat, sondern er sagt von ihr, sie habe „das Gute" gewählt. Er sagt auch nicht, dass Marta einen Fehler macht, indem sie für ihren Gast alles schönmachen und ihm Gutes tun will, sondern er spricht über Martas Befindlichkeit, nimmt sie wahr in dem, was sie tut, und zeigt ihr seine Wertschätzung und sein Mitgefühl. Dabei vergleicht er Marta nicht mit Maria und wertet sie schon gar nicht ab.

Jesus lässt sich also nicht vor den Karren der Aktivistin Marta spannen, aber er wertet sie auch nicht ihrer Schwester gegenüber ab, indem er deren Tun aufwertet.

Es ist so, als würde Jesus direkt zu uns sprechen: „Ihr seid beide bei mir, die Beziehung zu mir ist euch beiden sehr wichtig, und das kommt auf unterschiedliche Weise zum Ausdruck, beides, das Kontemplative, Hörende und auch das Aktive, Tätige, hat in dieser Beziehung seinen Platz. Das eine kann ohne das andere nicht sein. Beides ist richtig und wichtig. Beides und damit ihr beide habt Platz bei mir. Und nur wenn beide Seiten in euch zum Zug kommen dürfen, könnt ihr ein entspanntes, ausgewogenes Leben führen und zu einem inneren Gleichgewicht gelangen."

Jesus, der seine Identität ganz und gar im Vater hat und sie auch wirklich nirgendwo anders sucht, der aus der Bestätigung des Vaters lebt, der zu ihm gesagt hat: „Dies ist mein geliebter Sohn, an dem ich Freude habe" (Matthäus 3,17), verleiht denen, die ihn in die Mitte ihres Lebens stellen, wiederum Identität als „meine geliebte Tochter, mein geliebter Sohn – an dir habe ich Freude" – so wie du bist. Er sagt damit: „Sieh auf mich und lass dich von mir ansehen, statt Anerkennung bei anderen zu suchen oder dich auf die Ebene des Vergleichens zu begeben."

Jesus begegnet dem Problem der Rivalität mit der Bestätigung von Identität. Die Kernfrage lautet dann nicht mehr: „Wer ist besser?", sondern: „Wer bin ich?", und damit kann das Vergleichen ein Ende haben.

Auch in der folgenden Geschichte wird um einen besonderen Status gerangelt:

Da kam die Frau des Zebedäus mit ihren Söhnen Jakobus und Johannes zu Jesus. Sie warf sich vor ihm nieder und wollte ihn um etwas bitten.
„Was willst du denn?", fragte er.
Sie antwortete: „Gib meinen beiden Söhnen in deinem Königreich die Ehrenplätze direkt neben dir!"
Jesus antwortete ihnen: „Ihr wisst ja gar nicht, was ihr da verlangt. Könnt ihr denn das schwere Leiden ertragen, das auf mich wartet?"
„Jawohl", antworteten sie, „das können wir!"
Darauf erwiderte ihnen Jesus: „Ganz gewiss werdet ihr leiden müssen, aber ich kann nicht bestimmen, wer einmal neben mir sitzen wird. Wer diese Plätze einnehmen wird, bestimmt allein mein Vater."
Die anderen Jünger waren entrüstet, als sie erfuhren, was Jakobus und Johannes gefordert hatten.
Matthäus 20,20-24

Hier haben wir es mit einem weiteren Rivalitätsklassiker zu tun.

Muttern möchte dafür sorgen, dass ihre Jungs es richtig gut haben, und hilft deshalb ein bisschen nach. Außerdem war es gut möglich, dass dabei auch auf sie selbst noch ein gutes Licht fällt nach dem Motto: „Sind das nicht die Jungen von der Maria? Das muss ja eine ganz tolle Mutter sein, dass deren Jungen die rechte und die linke Hand des Meisters sind."

In diesem Fall handelt sie offensichtlich mit dem Wissen und auch Einverständnis der beiden oder aber sie wurde sogar vorgeschickt (siehe V. 24). Vielleicht würde Jesus es ja nicht so einfach fertig bringen, einer besorgten Mutter ihre Bitte abzuschlagen, und außerdem: Sah es Frauen nicht viel ähnlicher, so vorzugehen, als gestandenen Männern?

Auch in diesem Fall, in dem verglichen wird (meine Söhne sind besser als die übrigen Jünger – das ist für jeden daran zu erkennen, dass sie rechts und links von Jesus sitzen) und in dem es um Status und um Bestätigung geht, reagiert Jesus, indem er sich nicht auf die Vergleichsebene begibt.

Er sagt nicht: „Jungs, ihr müsst es ja wirklich nötig haben, euch durch so was aufzuwerten – und dann habt ihr noch nicht einmal den Schneid, selbst zu fragen, sondern schickt eure Mutter vor."

An keiner Stelle beschämt er die drei Bittsteller oder demütigt sie gar, sondern er äußert zunächst seine Sorge um die beiden Jünger, indem er sinngemäß nachfragt: „Seid ihr sicher, dass ihr das wirklich wollt? Ist euch überhaupt klar, worum ihr da bittet? Wisst ihr, was ihr da auszuhalten haben werdet?"

Ihr vollmundiges „Aber klar, Herr", signalisiert im Grunde bereits, dass sie das keineswegs wissen, so sehr sind sie in ihrem Wunsch nach Aufwertung und Bestätigung gefangen.

Und auch hier lenkt Jesus die Frage weg vom: „Wer von meinen Jüngern sind die besten und angesehensten?"

Stattdessen leitet er hin zu Fragen der Identität: „Wisst ihr eigentlich, wer ich bin? Wisst ihr, wer ihr seid? Habt ihr eigentlich eine Ahnung, wer das letzte Wort über euch hat? Ist euch klar, dass ihr Kinder des Schöpfers seid und damit eure Identität, euren Wert, eure Bestätigung nur von ihm bekommen könnt?"

Leider ist das Rivalisieren an dieser Stelle keineswegs zu Ende, sondern es geht munter weiter. Gerade haben Jakobus und Johannes wichtige Fragen gestellt bekommen, mit denen sie wohl eine Weile beschäftigt sein werden, da machen die restlichen Jünger genau an der Stelle weiter, wo ihre beiden Brüder aufgehört haben.

Die anderen Jünger waren entrüstet, als sie erfuhren, was Jakobus und Johannes gefordert hatten. Jesus rief sie deshalb zusammen und sagte: „Die Könige herrschen über die Völker wie Tyrannen, und die Machthaber unterdrücken, wen sie können.

Aber gerade so darf es bei euch nicht sein. Wer groß sein will, der soll den anderen dienen, und wer der Erste sein will, der soll sich allen unterordnen.

Auch der Menschensohn ist nicht gekommen, um sich dienen zu lassen. Er kam, um selbst zu dienen und mit seinem Leben dafür zu bezahlen, dass viele Menschen aus der Gewalt des Bösen befreit werden. "
Matthäus 20,24-28

Die restlichen Jünger regen sich darüber auf, dass die beiden so dreist gewesen sind, um für eine für alle sichtbare Sonderstellung im Reich Gottes zu bitten, und hinter ihrer Empörung wird ihr ganzer Neid erkennbar.

„Wieso die und wir nicht?", lautet die unausgesprochene Frage. „Wie können die es wagen? Du wirst ihnen das doch nicht etwa zugesagt haben, Meister? Was ist denn mit uns? Sind wir etwa schlechter oder weniger wert oder weniger engagiert als die beiden?"

Sauer sind sie, und das ist auch nur zu verständlich. Da geht man zu zwölft mit Jesus durch dick und dünn –, und dann wollen sich zwei nach vorn mogeln – wirklich unmöglich!

Wie reagiert Jesus darauf? Er verurteilt nicht den Wunsch danach, groß zu sein, sondern er sagt sogar, wie das geht, nämlich indem wir unsere eigenen Wege und Vorstellungen auf den Kopf stellen. In dem Augenblick nämlich, in dem wir nicht einsam und allein an der Spitze sein wollen – letztlich also die Macht haben –, sondern in Beziehung zu den anderen Menschen treten, sie in den Blick bekommen, ihre Not und Bedürfnisse sehen, da werden wir groß, und erst dann erleben wir auch echte Befriedigung.

In dem Augenblick, in dem ich in Beziehung trete und die anderen Menschen um mich her in den Blick bekomme, erfülle ich den Zweck, zu dem Gott mich und alle anderen Menschen überhaupt erst geschaffen hat, nämlich um mit ihnen in Beziehung zu treten. In dem Moment, in dem ich die anderen in den Blick bekomme und nicht auf meinem Macht- und Erfolgstrip bleibe, erlange ich die mir von Gott verliehene Identität als Beziehungswesen, das Mitgefühl, Liebe und Zugehörigkeit so dringend braucht wie die Luft zum Atmen. Dann erlebe und erfahre ich meine Identität als sein Ebenbild.

Und auch hier geht es nun nicht mehr um die Frage: Wer ist am besten? Sondern die Frage lautet: Wer bin ich?

Ich bin Gottes geliebtes Kind, geschaffen zur Beziehung zu Gott und den Mitmenschen. Er hat mich mit den Grundbedürfnissen nach Liebe, Zugehörigkeit und Mitgefühl ausgestattet und auch mit der Fähigkeit, das alles zu geben, wenn meine erste und wichtigste Beziehung die zu Jesus Christus ist, dem Sohn Gottes, meinem Erlöser, der durch seinen Tod am Kreuz die Verbindung zu meinem Schöpfer wieder hergestellt hat.

Bestätigt wird dieser Ansatz in einer weiteren Szene, in der ebenfalls Rivalität sehr deutlich zum Ausdruck kommt:

Eines Tages verhandelten die Jünger darüber, welcher von ihnen der Angesehenste und Wichtigste sei.
Jesus merkte, was sie beschäftigte. Er rief ein Kind, stellte es neben sich und sagte: „Wer ein solches Kind aus Liebe zu mir aufnimmt, der nimmt mich auf. Und wer mich aufnimmt, der nimmt gleichzeitig Gott auf, der mich gesandt hat."
Lukas 9,46-48

Eine typische Situation. Schon Kinder verhalten sich so. Wer ist der Tollste, Wichtigste, Beste? Doch Jesus verurteilt seine Jünger auch dieses Mal nicht. Er schilt sie nicht

wegen dieser doch wirklich ebenso kindischen wie über-
flüssigen Debatte. Haben sie denn immer noch nicht
kapiert, worum es eigentlich geht?

Er beschämt diese erwachsenen Männer, die doch nun
schon seit geraumer Zeit mit ihm unterwegs sind, ihn pre-
digen hören, handeln und heilen sehen, die doch aus nächs-
ter Nähe beobachten können, wie eng und innig die Beziehung Jesu zu seinem himmlischen Vater ist. Er rügt seine
Freunde und Begleiter nicht. Er stellt sie nicht bloß, sagt
ihnen aber auch nicht, dass einer von ihnen der Wichtigste
ist.

Einmal mehr verweist er sie auf ihre Identität als Kinder
des Vaters und entfernt damit den Stachel der Rivalität.

An keiner Stelle ist erkennbar, dass Jesus die Existenz
von Neid und Rivalität leugnet. Er geht vielmehr davon aus,
dass beides existiert, auch bei denen, die ihm nachfolgen
und zu ihm gehören. Gleichzeitig bietet er aber stets einen
Ausweg aus Rivalität und Machtstreben an, indem er auf
die Identität des Einzelnen als geliebtes, angenommenes
Kind Gottes verweist. Wenn der Einzelne die Zugehörigkeit zum Vater und dessen Liebe und Annahme in den Mittelpunkt des Fühlens und Denkens stellt, dann erübrigt sich
jegliche Rivalität.

Wenn der Einzelne Jesus als seinen Erlöser annimmt
und dadurch wieder Zugang zur Liebe, Annahme und
Zugehörigkeit zum Vater hat, dann ist Rivalität kein unabänderliches Schicksal mehr, sondern dann wird sie zu einer
änderbaren Grundhaltung, aus der er uns heraushilft,
indem er uns immer wieder neu unsere Identität und unseren Wert bestätigt und uns dadurch von der Bestätigung von
Seiten unseres Umfeldes unabhängiger macht.

Indem ich mich in meinem Wert angenommen und bestätigt fühle, kann ich dann auch wieder einen Blick für die
anderen und ihre Bedürfnisse entwickeln und auf Macht
und Status verzichten.

Kapitel 9

Rivalität unter den Töchtern Gottes – na gibt's denn so was?!

Seit ich mich mit dem Thema der Rivalität unter Frauen befasse, frage ich Frauen bei den unterschiedlichsten Gelegenheiten, im Zug, bei Frühstückstreffen, auf Geburtstagsfeiern und, wenn es sein muss, auch in der Schlange an der Supermarktkasse, wie sie dieses Konkurrieren empfinden und ob sie persönlich Rivalitätsgefühle hegen. Oft bekomme ich verblüffend ehrliche Antworten – auch oder vielleicht gerade von Frauen, die ich noch nie zuvor gesehen habe und wahrscheinlich auch nie wieder sehen werde.

Nun ergab es sich irgendwann, dass ich mit einer Ordensschwester näher ins Gespräch kam, und plötzlich kamen mir folgende Gedanken: Es muss doch einfach wunderbar und unglaublich entlastend sein, wenn man mit den Frauen aus dem unmittelbaren Umfeld in Sachen Kleidung und Outfit nicht konkurrieren muss, weil alle das Gleiche tragen. Es kann doch eigentlich nur entspannend sein, wenn man sich nicht um Frisur und Make-up zu kümmern braucht, weil beides quasi keine Rolle spielt. Und es muss einfach himmlisch sein, wenn man sich, was Haushalt und Kindererziehung angeht, ebenfalls keinen Kopf machen muss und wenn schon gar nicht die Gefahr besteht, dass einem der Mann ausgespannt werden könnte.

Ich nahm allen Mut zusammen und stellte der Schwester die Frage, die sich mir in diesem Moment aufdrängte: „Gibt es unter Ordensschwestern eigentlich auch Rivalität, und wenn ja, woran macht sie sich fest?"

Die Schwester sah mich einen Augenblick lang an und begann dann schallend zu lachen.

„Na klar gibt es die", entgegnete sie. „Wir sind doch Menschen und dazu noch Frauen. Wir konkurrieren auch miteinander, selbst wenn das manchmal auf den ersten Blick nicht so leicht zu erkennen ist. Bei uns geht es um Kompetenz in dem Bereich, in dem wir arbeiten. Es geht um den besten Kontakt zur Ordensleitung oder aber darum, wer am frömmsten, demütigsten, also am „geistlichsten" ist. Weil wir einfach Menschen sind, rivalisieren wir auch miteinander, denn wir erleben alle Mangel und Unzulänglichkeit und beneiden die anderen um deren vermeintliche Vorteile."

Da hatte ich eine Antwort bekommen, die mich zugleich beruhigte und desillusionierte. Niemand ist also so fromm und so nah bei Gott und sich selbst, dass er gegen das Vergleichen mit anderen Menschen völlig immun ist.

Das würde dann bedeuten, dass es auch in den Gemeinden und unter Christinnen Rivalität gibt, obwohl wir, wie aus dem vorangegangenen Kapitel hervorgeht, Bestätigung und Wertschätzung, Liebe, Annahme und Zugehörigkeit durch Jesus Christus bekommen könnten und demnach eigentlich nicht auf der Rivalitätsebene zu agieren bräuchten.

Dass dem leider nicht so ist, hat meiner Beobachtung nach drei Hauptgründe:

Erstens: Jesus Christus hat von sich selbst gesagt, dass er gekommen ist, um zu dienen. Christen, die ihm nachfolgen und ihm ähnlicher werden wollen, identifizieren sich mit diesem Auftrag, definieren sich in gewisser Hinsicht also auch über das Dienen. Oft wird aber das Dienen als ständiges Tun und Wirken für andere bei gleichzeitiger Leugnung eigener Bedürfnisse verstanden, sodass das Wichtigste, nämlich der ständige Austausch und das Nennen eigener Bedürfnisse Jesus gegenüber, unterbleibt. So kommt es, dass am Ende die Einzelne nur noch in Selbstüberforderung vor sich hinwerkelt und subjektiv das

Gefühl hat, sie ist die Einzige, die dem Herrn dient, und alle anderen hängen nur faul herum.

Das Dienen ist jedoch eine Grundhaltung, die durch die Erfahrung, dass Jesus Christus mir gedient hat und immer noch dient, überhaupt erst möglich wird. Ich kann erst wirklich dienen, wenn ich erkannt habe, dass ich in Jesus denjenigen habe, der mir immer und bedingungslos meinen Wert bestätigt, mich bejaht und mich rückhaltlos annimmt, wie ich bin, der mich nicht überfordert und zu guter Letzt noch allein lässt, wie wir es mit Menschen so häufig erleben.

Einzig aus dem Gefühl, wertgeschätzt und bedingungslos geliebt zu sein, ist ein Dienen, das nicht mit Forderungen an die anderen verknüpft ist, überhaupt möglich. Nur angesichts dieses riesigen Geschenkes, dass ich mit Jesus über meine Befindlichkeit und meine Gefühle offen reden kann und er sie und damit auch mich in meinem Sosein und meiner Bedürftigkeit und meinem Unvermögen annimmt, kann ich überhaupt andere und ihre Bedürfnisse erkennen und darauf eingehen.

Leider ist es jedoch unter Christen häufig so, dass das Beobachten der eigenen Befindlichkeit und auch der Umgang mit eigenen Bedürfnissen geradezu ein Tabu ist und mit einer egoistischen und damit nichtchristlichen Haltung gleichgesetzt wird. Diese Tendenz ist meiner Beobachtung nach verhängnisvoll.

Zum einen, weil dadurch das Gebot Jesu, uns selbst zu lieben (Markus 12,31), missachtet wird, und zum zweiten, weil wir ohne diese Selbstliebe, die durch das Angenommensein in Jesus überhaupt erst möglich wird, weder unseren Nächsten lieben, geschweige denn ihm dienen können.

Zweitens: Gemeinden funktionieren heute wie früher nicht zuletzt über die ehrenamtliche Tätigkeit, den Dienst ihrer Mitglieder. Es werden ständig tätige Menschen gesucht, die sich und ihre Gaben einbringen, die bereit sind, mit ihrem

Tun zu dienen. Dabei gibt es in jeder Gemeinde Tätigkeits-
bereiche zuhauf.

Von der Krabbelgruppe über Kindergottesdienst, Kir-
chenmusik, Kinderstunde, Seniorenarbeit, Frauenkreise,
Verwaltungs-, Putz- und Kaffeekochdienste gibt es ständig
Aufgaben, die nach Mitarbeiterinnen schreien – und ich
schreibe hier ganz bewusst in der femininen Form, weil
gerade in diesen Bereichen überwiegend Frauen tätig sind.
Männer sind in aller Regel in der Leitung zu finden oder
auch gar nicht – fast immer mit der Begründung, dass sie
beruflich so stark eingespannt sind, was ganz sicher eine
legitime Begründung ist.

Frauen fühlen sich hier häufig viel stärker gefordert und
angesprochen, weil sie oft selbst das Gefühl haben, nicht
genug zu tun – nach dem Motto: „Ich habe ja auch nur den
Haushalt und die Kinder." Dieses Gefühl trifft dann meist
wunderbar mit dem Mitarbeitermangel in den Gemeinden
zusammen.

Auf der einen Seite haben wir also viele Frauen, die sich
in dem, was sie in ihrem Beruf tun (Familienfrau – oft auch
noch Teilzeit beschäftigt), nicht genügend wahrgenommen
fühlen, weil sie in ihrer Arbeit isoliert und meist wenig
wertgeschätzt sind. Auf der anderen Seite sind da die Gemeinden mit ihren vielen Möglichkeiten zur Mitarbeit, in
denen sich die Einzelne sichtbar engagieren und meist auch
Wertschätzung erleben kann.

In dem Augenblick jedoch, in dem das Dienen von der
Motivation her nicht mehr klar ist, wird erneut der Versuch
unternommen, Minderwertigkeitsgefühle durch Leistung
zu kompensieren. Und schon befindet man sich wieder
auf der Rivalitätsebene. Symptome für eine solche ver-
schobene Motivation sind: die Mitarbeit in einem bestimmten Bereich, nur um mich zu profilieren oder in dem, was
ich tue, endlich auch einmal gesehen zu werden; oder die
Mitarbeit, um zu beweisen, dass ich doch wirklich tüchtig
und bereitwillig bin und deshalb auch dazugehöre.

Weil Frauen allgemein sehr schnell auf Bedürftigkeit, Notfälle und Appelle an ihre Hilfsbereitschaft reagieren und oft große Mühe haben, sich gegen sie abzugrenzen, geraten sie häufig auch im Gemeindebereich in Situationen, in denen sie sich selbst überfordern, weil sie nicht Nein sagen können. Dies geschieht zumeist aus Angst, von der für sie lebenswichtigen Kommunikation mit anderen Frauen ausgegrenzt zu werden und nicht dazuzugehören. Wenn sie sich dann auf diese Weise absolut überfordert haben, geraten sie häufig in eine innere Haltung, in der sie sich selbst, ihr Tun und ihre Aktivitäten mit denen anderer vergleichen. Und schon ist der Rivalität Tür und Tor geöffnet.

Drittens: Neid ist zerstörerisch. Nicht ohne Grund beschreiben zahlreiche Bibelstellen Neid als Ursache für die Zerstörung von Beziehungen, als Auslöser von Hass, Bosheit und Verbrechen. Neid ist etwas, das Gott nicht will – keine Frage. Wir sollen nicht neidisch sein, das ist klar.

Aber wir sind es trotzdem, das steht genauso fest, auch wenn wir Christen sind. Immer wieder ertappen wir uns dabei, wie wir uns vergleichen. Immer wieder prüfen wir, ob wir mit den anderen mithalten können, ob andere besser wegkommen als wir, ob andere auch genauso viel tun wie wir, ob andere vielleicht auch von Gott bevorzugt werden.

Neid ist etwas Schreckliches, etwas Peinliches und für Christen darüber hinaus auch etwas Verbotenes. Und weil das so ist, besteht unsere Lösung für das Problem Neid und Rivalität oft ganz einfach darin, dass wir unseren Neid – manchmal sogar die Existenz von Neid unter Christen insgesamt – einfach leugnen.

Wiederum eine verhängnisvolle Reaktion. Unter Christen Neid zu verdrängen und zu leugnen führt nämlich keineswegs zu dem erhofften Ergebnis, dass er dann nicht mehr existiert, sondern er taucht nur ab in den Untergrund, wo er unkontrolliert wuchern kann und Kinder bekommt, die dann Missgunst, Rivalität, üble Nachrede etc. heißen und die ein Miteinander völlig vergiften können.

Auch als Christen sind wir Menschen, die in einer Welt leben, die davon geprägt ist und darunter leidet, dass Gott nicht die erste und wichtigste Bezugsperson aller Menschen ist. Konkret bedeutet das, dass wir für alle Sünden anfällig sind wie jeder andere Mensch auch.

Was negative Gefühle und Mechanismen wie Minderwertigkeitsgefühle, Neid und Rivalität angeht, unterscheiden wir uns nicht von Menschen, die nicht mit Jesus Christus leben, aber wir haben ihnen gegenüber einen ungeheuren Vorteil. Wir sind nicht auf diese negativen Gefühle und Verhaltensweisen zurückgeworfen und dazu gezwungen, in ihnen stecken zu bleiben. Wir haben dadurch, dass Jesus Christus für uns gestorben und auferstanden ist und die Beziehung zu unserem Schöpfer wiederhergestellt hat, die wunderbare Chance, mit unserer Minderwertigkeit, unseren falschen Motiven, unserem Neid, unserem Mangel, unserer ganzen menschlichen Bedürftigkeit an sein Kreuz zu gehen und all diese Lasten bei ihm abzuladen.

Wir dürfen zu ihm hinkommen und sagen: „Jesus, so bin ich – keinen Funken besser. Ich bin so müde und erschöpft davon, so zu tun, als wäre das nicht so. Ich habe all meine Kraft mit Fassadenbau vertan. Ich habe jahrelang gepowert, um zu beweisen, dass ich doch ganz in Ordnung bin, dass ich doch eigentlich verdient habe dazuzugehören, weil ich tüchtig bin – meistens sogar tüchtiger als die anderen.

Ich habe immer wieder gehofft, dass jemand kommt und sagt: ‚Da hast du auch Recht. Du bist ganz toll, so wie du bist.' Und wenn das dann sogar jemand einmal gesagt hat, habe ich es nicht geglaubt. Und jetzt, Jesus, kann ich nicht mehr. Ich bringe dir all meinen Mangel und meine Minderwertigkeitsgefühle. Ich bringe dir meine Erschöpfung und meine Selbstablehnung. Ich bringe dir meine Riesensehnsucht nach Zugehörigkeit, nach innerer Heimat, danach, von dir zu hören: ‚Du bist meine geliebte Tochter. An dir habe ich Freude.'"

Wenn wir auf diese Weise zu Jesus kommen, wird er uns zeigen, wer wir für ihn sind, wie er uns ansieht und wie er uns Wert und Bestätigung verleiht.

Ich selbst mache die Erfahrung, dass ich sehr oft so zu Jesus kommen muss. Ich muss (und darf) ihm immer wieder meine Bedürftigkeit hinhalten und trotzdem kommen in mir immer wieder Neid- und Rivalitätsgefühle hoch. Aber je öfter ich ihn bitte, mir zu zeigen, wie er mich ansieht, desto freundlicher kann ich mich auch selbst ansehen, desto dankbarer bin ich dafür, wie barmherzig und geduldig er mit mir ist, und desto leichter fällt es mir und umso natürlicher wird es, auch meine Mitmenschen so anzusehen.

Ich brauche mich immer weniger mit anderen zu vergleichen, weil ich in Jesus und durch ihn alles habe und bin, was ich mir nur wünschen kann – geliebtes Kind und Tochter, an der er Freude hat. Und als sein geliebtes Kind bekomme ich die Zuversicht und auch den Mut, mich den Aufgaben und Herausforderungen zu stellen, die mein Leben mit sich bringt, ohne mich dabei mit anderen vergleichen zu müssen.

Es gibt also Rivalität unter den Töchtern Gottes – noch – mit einer wundervollen Prognose: Wir werden bei ihm sein, und alle Rivalität wird ein Ende haben.

Kapitel 10

Freundschaft und Rivalität live, oder:

„... wenn die mit ihren Blicken so was macht ..."

Frausein in der Familie, am Arbeitsplatz, im sozialen und beruflichen Umfeld der Familienfrau und in Freundschaften, das alles ist bis hierhin beschrieben und auch zu einem gewissen Maß analysiert worden.

Mich hat interessiert, wie ganz junge Frauen ihr Miteinander erleben, ob auch sie bereits Rivalität erfahren und wie sie sich Beziehungen untereinander oder zur älteren Generation wünschen. Denn wie solche Beziehungen in einem jungen Alter erlebt und wie Frauenbeziehungen der Mütter beobachtet und interpretiert werden, das hat ganz sicher auch Auswirkungen darauf, wie Mädchen sich selbst als Frauen erleben. Außerdem hat es Einfluss auf ihr Selbstwertgefühl und damit auch auf die Art und Weise, wie sie selbst ihre Beziehungen zu Frauen leben und gestalten.

Ich freue mich deshalb sehr, dass eine Gruppe von Mädchen beziehungsweise jungen Frauen sich bereit erklärt hat, ein Gespräch zu diesen Fragen zu führen. Ich durfte dieses Interview aufnehmen und damit einer größeren Öffentlichkeit Einblick in ihre Gedanken, Wünsche und auch Schwierigkeiten gewähren.

Ich danke diesen jungen Frauen ganz herzlich für ihre Bereitschaft, sich mitzuteilen, für ihre Offenheit und für ihren Mut, auch über Bereiche ihres Lebens zu sprechen, die nicht immer konfliktfrei und locker zu handhaben sind.

An dem Gespräch nahmen teil:

Christine, 18 Jahre, Schülerin
Julia, 25 Jahre, Studentin
Anja, 15 Jahre, Schülerin
Katharina, 16 Jahre, Schülerin
Rebekka, 15 Jahre, Schülerin
Sarah, 18 Jahre, Schülerin

Geleitet wurde das Gespräch von Julia. Die Fragen waren als Vorschläge vorgegeben und die jungen Frauen kannten die Ausführungen des Buches zum Zeitpunkt dieser Diskussion nicht. Und nicht zuletzt wurde, damit ein wenig von der Atmosphäre innerhalb dieses Gespräches erhalten bleibt, sprachlich nur sehr wenig an den Antworten der Einzelnen verändert.

Was bedeutet und beinhaltet für euch Freundschaft zwischen Mädchen? Was gehört dazu und was auf gar keinen Fall?

Anja: Zuallererst Vertrauen. Dass man wirklich alles und über alles reden kann – ich meine auch über die wichtigen Sachen. Dass man sich Fehler zugestehen kann.

Julia: Für mich gehört auch total dazu, dass man Zeit hat, einfach rumzualbern, ohne bestimmten Zweck, einfach so zusammen zu sein.

Sarah: Man muss miteinander Spaß haben können, und wenn Konflikte da sind, muss man bereit sein, sich voll dafür einzusetzen, dann nicht kneifen und sagen: „Äh – ich muss jetzt aber weg."

Rebekka: Für mich ist eine Freundschaft dann in Gefahr, wenn die andere mir was nicht gönnt.

Katharina: Wenn eine die andere ausnutzt, ist das übel und schlecht für die Freundschaft, oder wenn eine ständig angibt.

Was zeichnet eine beste Freundin aus?
Welche Eigenschaften sollte sie haben?

Katharina: Man muss ihr vertrauen und mit ihr reden können. Außerdem ist es wichtig, dass man zusammen was unternimmt, man mehr oder weniger alles mit ihr machen kann.

Sarah: Ich finde, das ist viel verlangt von einer einzigen Freundin. Man hat ja nicht überall die gleichen Interessen und man kann nicht alles mit nur einer Freundin besprechen.

Rebekka: Das kann sich ja dann auch mal ins Gegenteil verkehren, nicht gleich in Hass oder so, aber wenn man einer einzigen Freundin alles erzählt, dann weiß die ja alles über einen und dann ...

Sarah: Wenn man mehrere verschiedene Freundeskreise hat, dann ist eine gute Freundin ein Mädchen, das man nicht ständig anrufen muss, um sich zu melden, die auch nicht beleidigt ist, wenn man mal nicht anruft. Ich finde es ein Zeichen für gute Freundschaft, wenn da nicht so'n hoher Erwartungsdruck ist, sondern wenn beide so viel einbringen, wie sie können und wollen, und das ist dann für beide in Ordnung so, wenn das, was man nimmt und gibt, auf Gegenseitigkeit beruht. Für mich bedeutet gute Freundschaft, dass man sich versteht, wenn man sich sieht und zusammen ist, dass das aber nicht so zwanghaft ist und man sich nicht immer unbedingt einmal in der Woche sehen muss oder so.

Anja: Eine Freundin ist eine, die einen kennt, nicht nur die Stärken, sondern auch die Schwächen, und die einen trotzdem mag.

Julia: Ich habe eine Freundin noch aus der Schule. Und auch wenn wir uns monatelang nicht gesehen haben, kann die mich sofort verstehen und weiß, was ich meine, wenn wir miteinander telefonieren. Wir finden auch immer ein Thema, worüber wir reden können.

Wie erlebst du den Umgang zwischen Mädchen? Gehen Jungen anders miteinander um?

Rebekka: Wenn ein Junge einen anderen nicht mag, dann zeigt er dem das auch. Die Mädchen dagegen spielen sich da eher was vor, eher so hintenrum – das machen Mädchen eher als Jungen.

Katharina: Ich glaube, Mädchen achten eher darauf, wie die anderen Mädchen zu ihnen stehen, und interpretieren in das, was sie beobachten, auch schnell was rein. Zum Beispiel in die Art, wie jemand guckt oder so ...

Christine: Ich finde, der Umgang zwischen Mädchen ist herzlicher. Man nimmt sich auch mal in den Arm. Das ist bei Jungen weniger so.

Sarah: Mädchen kommen sich schneller nah, die investieren mehr, auch wenn sie sich erst eine Woche kennen. Man redet dann oft stundenlang miteinander, geht schneller tiefere Beziehungen ein. Jungs haben eher oberflächlichere Beziehungen, auch wenn sie jemanden haben, mit dem sie über Probleme reden können, aber es ist sehr schwer, andere Jungs zu finden. Mädchen können eher über ihre Probleme reden und sind daher auch enger miteinander verbunden.

Katharina: Manchmal finde ich aber auch Mädchen oberflächlich. Wenn man zum Beispiel in der Schule ist und auf dem Schulhof sieht man in der Pause irgendjemanden, dann wird der oft abgestempelt für das Verhalten oder Aussehen, das er gerade in diesem einen Augenblick hat. Der oder die hat dann vielleicht 'ne Hose an, die ein bisschen zu kurz ist, und dann heißt es gleich, der hat 'ne Hochwasserhose an. Dadurch ist der dann gleich irgendwie als uncool abgestempelt. Und ich glaube, dass das bei Jungs nicht so ist, dass die nicht so sehr auf äußere Sachen achten.

Anja: Ich glaube, dass die gerade aufs Äußere achten. In unserer Klasse sitzen welche und starren Mädchen an und verurteilen sie.

Katharina: Ja, okay, die Jungs gucken vielleicht die Mädchen an, aber nicht die Jungs untereinander. Zwischen Mädchen ist es viel öfter und schlimmer so, dass die sich nach dem ersten Eindruck beurteilen.

Rebekka: Aber Mädchen sind auch eher bereit, das zu ändern, wenn sie sich näher kennen lernen. Wenn Jungen einmal denken, dass jemand uncool ist, dann bleiben sie auch dabei, egal, wie der jetzt in 'ner anderen Situation ist und ob sie ihn näher kennen lernen.

Katharina: Ja, das glaube ich auch, aber auch dass Mädchen noch'n bisschen lieber lästern als Jungs und noch schneller und auch mehr.

Julia: Ich glaube, Jungs haben einfach den emotional unkomplizierteren Umgang. Wenn sie sich dann wieder sehen, dann machen sie sich nicht gegenseitig Vorwürfe, so nach dem Motto: „Wir haben uns jetzt so lange nicht gesehen – hättest ja mal anrufen können." Mädchen sind eher beleidigt, wenn die andere sich nicht gemeldet hat. Ich glaube, Jungs sind einfach nicht so oft beleidigt.

Sarah: Wenn Jungs jemanden nicht mögen, jemanden echt doof finden oder genervt von ihm sind, dann machen sie nichts mit dem. Vielleicht machen sie sich schon mal über den lustig, aber dann meistens ganz direkt und öffentlich. Dieses ganze Beleidigtsein und hinterlistige Reden und so, das gibt es bei Jungs eher selten.

Katharina: Jungs reden aber auch allgemein nicht so viel miteinander. Mädchen können ja auch stundenlang miteinander telefonieren und sich einfach mal nur so zum Quatschen treffen. Jungs treffen sich eher, um was miteinander zu machen.

Sarah: Reden können die auch, aber dann meistens über so'n Hobby oder Fußball oder so. Da können die sich dann anderthalb Stunden über irgendwelche Mannschaften unterhalten, das hab ich schon mitgekriegt. Ich finde das voll öde. Die kommen auf gar kein anderes Thema mehr. Und wir Mädels reden dann 'ne Stunde über'n Film.

Christine: Wenn man sich in der Pause mal nicht mit der besten Freundin unterhält, dann kommt sie und sagt: „Hey, mit mir hast du noch gar nicht darüber geredet, was ist denn los?"

Und ich: „Aber ich hab doch gar nichts gemacht."

Und sie: „Aber mit mir redest du ja gar nicht. Hast du was gegen mich? Hab ich dich genervt?"

Das habe ich bis jetzt nur bei Mädels erlebt, bei Jungs eigentlich noch nie.

Worin unterscheidet sich der Umgang zwischen Mädchen von dem zwischen älteren Frauen?

Sarah: Bei Frauen hört das irgendwann auf, dass man beleidigt ist oder dass man diese Forderung hat, sich jeden Tag zu melden, zu telefonieren oder so. Das mit dem ständigen Telefonieren, das kommt zwar bei Frauen auch noch vor, aber nicht mehr jeden Tag, nicht mehr so zwanghaft, so nach dem Motto: „Ich muss da jetzt anrufen!" Es kann auch mal eine gewisse Zeit vergehen, besonders wenn man Familie hat. Wenn man sich dann irgendwann mal wieder anruft, dann versteht man sich immer noch.

Mädels müssen ständig was zusammen machen, alles miteinander teilen – und sonst ist irgendwie Streit.

Anja: Bei Frauen ist die Freundschaft auch nicht mehr so hammerwichtig. In der Teeniezeit hat man 'ne feste Freundin, mit der ist man zusammen. Mit der telefoniere ich und gehe zusammen mit ihr weg. Wenn man älter wird, hat man dann wohl 'nen Freund, mit dem man bestimmt auch mehr Zeit verbringt. Und Geheimnisse erzählt man dann bestimmt eher dem Partner und nicht mehr der besten Freundin.

Christine: Ich denke, dass Freundschaft zwischen Frauen ein bisschen tiefer ist, weil man sich bestimmt mehr über wichtige Dinge unterhält. Wie die Beziehung so läuft zum Beispiel oder über Kindererziehung. Da ist dann nicht mehr so sehr Thema, welcher Typ nun besser aussieht und was er anhat oder solche Sachen.

Julia: Und solche Gespräche sind ja auch wichtig, die kann ich ja nicht mit meinem Partner führen. (Gelächter und Zustimmung der anderen.)

Sarah: Ja, als Mädchen hängt man vier Stunden am Telefon und redet die ganze Zeit über 'nen Film und später hat man dann wahrscheinlich einfach keine Zeit mehr, so lange einfach nur zu reden. Dann ruft man sich eher an, wenn man was Konkretes zu besprechen hat, wenn man ein Problem hat oder wenn man bewusst Zeit miteinander verbringen will – und nicht einfach, weil man das so macht oder weil die andere das erwartet.

Katharina: Ich glaube, das ist bei Frauen immer noch so, dass sie einfach rumalbern und nicht so sinnvolle Gespräche führen, das liegt, glaube ich, einfach im weiblichen Wesen. (Gelächter)

Julia: Meine Mama hat gerade letzte Woche erzählt, dass sie sich mit einer ehemaligen Nachbarin von uns getroffen hat, die weggezogen ist, als ich so ungefähr neun war. Irgendwie haben die beiden sich vor ein paar Jahren wieder getroffen. Es hat ihnen gut getan, sich einfach mal so zu treffen und zu quatschen – über die Leute von früher, über Kinder und was aus denen geworden ist, aber auch, um einfach so zu quatschen ohne tieferen Sinn. Da muss nicht immer was Tiefsinniges dahinter stecken.

Wie würdet ihr euch den Umgang zwischen Mädchen wünschen?

Anja: Ich würde mir wünschen, dass man nicht gleich beleidigt reagiert wegen irgendwelcher Kleinigkeiten und Unstimmigkeiten. Und für mich ist wichtig, dass man nicht neidisch ist. Außerdem finde ich es nicht gut, wenn man

immer gleich so auf das Äußere achtet, auf die Hochwasserhose oder wie einer sich bewegt oder was weiß ich.
Es wäre schön, wenn man mehr über so Äußerlichkeiten
einfach hinwegsehen würde.

Christine: Ich würde mir wünschen, dass man auch mit
Leuten ehrlich sein kann, die man nicht so gut kennt. Also,
ich finde das manchmal ganz schön belastend, wenn man
bei Leuten nicht so genau weiß, was die jetzt über einen
denken, denn man weiß ja, wie man selber auch über
andere lästert und dann natürlich automatisch annimmt,
dass die andern das auch tun. Wenn so was nicht wäre,
fände ich das viel besser.

Sarah: Ich würde mir manchmal wünschen, dass man
eine Person hat, mit der man auch über alle Bereiche des
Lebens reden kann; dass man die gleichen Interessen hat,
so ein bisschen auch Fragen stellen und sich gegenseitig
Tipps geben kann. Bei manchen Leuten kann man das
nicht, weil die sich nicht in der gleichen Lage befinden wie
man selbst, und die können dann nicht nachvollziehen, was
ich habe. Dann muss ich zu jemand anders hingehen und
fragen, das finde ich ein bisschen anstrengend. Manchmal
ist es halt anstrengend, viele Freundschaften zu haben,
manchmal ist es aber auch gut, wenn man sich beispielsweise wünscht, jetzt jemanden zu haben, den man belat-
schern kann. Es hat auch etwas Entlastendes, wenn man
ebenbürtig ist, wenn man nicht mehr investieren muss, als
man zurückkriegt.

Rebekka: Also, insgesamt würde ich mir mehr Interesse
füreinander wünschen. Manchmal ist das ja so, dass du
dich mit jemandem unterhältst, und der/die erzählt die
ganze Zeit nur über sich selbst. Es gibt ja so Freundschaften, die funktionieren nur, wenn der andere ein Problem
hat, und wenn du dann mal mit deinen eigenen Problemen
ankommst, dann, na ja, dann geht nichts. Ich würde mir
wünschen, dass man mehr gegenseitiges Interesse auf-
bringt.

Freundschaft ist ja nicht nur miteinander abhängen. Das ist zwar auch wichtig, aber ich finde es auch wichtig, jemanden zu haben, bei der man auch mal Frust und Probleme abladen kann.

Was verstehst du unter Zickigkeit?

Sarah: Dass man sofort was Patziges erwidert, wenn jemand was Unüberlegtes sagt. Dass man es auch riskiert, den anderen zu verletzen, nur um selbst nicht doof dazustehen und gleich was parat zu haben.

Oder wenn man kritisiert wird, man sofort sagt: „*Aber* – bei dir ist das doch genauso, oder du machst doch auch was falsch." Dass man immer gleich kontern muss, nicht einfach erst mal was aufnimmt.

Oder dass sich jemand bei mir über jemand anders auskotzt. Und wenn man die Person dann mit der anderen zusammen sieht, die auf „Super-wir-verstehen-uns-total-gut" machen oder zusammen lachen. Dann denke ich nur: „Was soll denn das jetzt?" Da könnte ich mich total drüber aufregen.

Katharina: Ich finde, zickig ist auch, wenn man immer darauf beharrt, dass man Recht hat. Wenn man nicht auch mal dem andern Recht geben kann.

Julia: Wenn ich gar nicht mehr zuhöre, was der andere sagt, oder immer nur weiterrede oder irgendwelche Vorwürfe mache. Wenn ich nicht mehr darauf höre, was der andere entgegnet, ihm keine Chance gebe, etwas zu erklären oder aus der Situation wieder rauszukommen.

Anja: Wenn ich zickig bin oder eingeschnappt, dann bekomme ich fast immer als Erstes zu hören: „Haste deine Tage?"

Zickigkeit ist ja auch meckern ohne Grund.

Christine: Ich finde, Rumgezicke ist ja auch, wenn man einfach gar nichts mehr sagt. Wenn man bei einer Meinungsverschiedenheit einfach das Gespräch abbricht und meinetwegen sagt: „Ich hab jetzt keine Lust mehr, mit dir darüber zu reden. Du verstehst ja sowieso nichts." Oder wenn man den anderen einfach ignoriert.

Rebekka: Für mich besteht Zickigkeit aus so kleinen Sachen. Dass man beispielsweise seinen Stress oder die schlechte Laune an anderen auslässt, die gar nichts damit zu tun haben. Das finde ich typisch für Frauen.

Sarah: Wenn man schlecht drauf ist und aus bestimmten Gründen dann über kleine Sachen so 'ne Superwut kriegt, die eigentlich gar nicht so schlimm sind. Wenn alle möglichen Leute ihren Kommentar darüber abgeben müssen, wie ich gerade gucke oder mich verhalte. Oder wenn ich was Falsches sage, das mir schon in dem Augenblick, in dem ich es sage, Leid tut, und dann gleich fünf Kommentare kommen, dann staut sich so eine Wut auf, die ich dann irgendwie rauslasse. Das finde ich auch irgendwie zickig, weil man das nicht unterdrücken kann.

Rebekka: Mein Vater sagt immer: „Der Ton macht die Musik!" (Gelächter)

Ich finde das so furchtbar, weil man ja eigentlich gar nicht zickig sein will, aber man ist es doch. Man streitet über irgendwas und irgendwann ist die Stimme dann ... na zickig eben.

Anja: Wenn dann noch jemand sagt: „Jetzt wirst du aber wieder zickig!", dann nimmt die Wut noch zu und du wirst noch zickiger ... und dann geht das so weiter.

Julia: Wenn ich zickig bin, werde ich oft ganz gemein. Dann sage oder mache ich Sachen, von denen ich ganz genau weiß, dass die den anderen verletzen – und danach geht es mir besser.

Sarah: Dann willst du es eigentlich gutmachen, aber dann kommen immer mehr kleine Sachen, wo du am Schluss gar nicht mehr weißt, was eigentlich der Grund für den Streit war.

Woran erkennst du, dass ein anderes Mädchen mit dir rivalisiert oder konkurriert?

Rebekka: Das merkt man an den schnellen Blicken – daran, dass die andere dich nur noch anstarrt, so ganz bösartig. Und man kann ja dann auch nicht hingehen und fragen: „Was hast du eigentlich?" Das ist doch auch komisch, oder?

Katharina: Oft macht man sich ja auch Gedanken darüber, was los sein könnte, was die andere gegen einen haben könnte. Und wenn sie dann irgendwann seltsam guckt, nicht mehr mit einem redet oder einfach komisch ist oder wenn sie mit anderen Leuten darüber redet, kann man halt auch merken, dass ihr irgendwas an mir nicht passt.

Anja: Rivalität ist ja auch da, wenn zwei denselben Jungen gut finden. Und wenn sie sich dann so gegenseitig angucken oder sich gegenseitig erzählen, was sie mit dem Typen gemacht haben und so.

Katharina: Es ist ja oft so, dass man schon am Ton erkennen kann, ob jemand einen eifersüchtig machen will.

Sarah: Wenn man sich mit jemand anders vergleicht und im Gespräch mit einer dritten Person die eigenen Vorzüge darstellt, vom anderen aber eher die Nachteile. Man versucht, sich besonders gut darzustellen, damit man besser wegkommt.

Julia: Meistens merkt man Rivalität doch durch das, was nicht gesagt wird, durch Blicke und so. Es ist doch ganz selten so, dass man ganz direkt sagt, wenn man mit jemandem nicht klarkommt. Das passiert doch fast immer hintenrum.

Sarah: Jungs sind in ihrer Rivalität viel direkter.

Und wie reagiert ihr, wenn jemand mit euch rivalisiert?

Katharina: Wenn die andere mit ihren Blicken so was macht, dann rege ich mich erst mal total darüber auf, weil ich es so bescheuert finde, dass sie es nicht sagt. Obwohl man es selbst ja meistens auch nicht anders macht. Ich kann mich aber trotzdem immer wieder darüber aufregen, wenn jemand so mit Blicken arbeitet oder mit anderen Leuten über mich redet.

Und meistens erfahren die anderen gar nicht, wie sehr mich das aufregt.

Christine: Also, bei mir ist das so: Ich weiß nicht, ob das direkt Rivalisieren ist, aber ich hatte ein Mädel bei mir in der Klasse, die hat zwar bessere Klausuren geschrieben als ich, aber dann im Zeugnis einen Punkt schlechter bekommen. Vorher haben wir uns eigentlich 'ne ganze Zeit lang gut verstanden und ich dachte auch eigentlich, wir wären so was wie Freundinnen, aber dann hat sie plötzlich nicht mehr mit mir geredet und mich total ignoriert. Das fand ich total übel, denn dafür konnte ich ja nun wirklich nichts, oder? Wenn sie was gesagt hätte, hätten wir ja auch darüber reden können und die Sache wäre aus der Welt gewesen. Aber so habe ich mich dann auch darüber aufgeregt, dass sie sich so blöd verhält. Und ich wusste dann auch nicht mehr, ob ich zu ihr hingehen soll oder nicht, weil ich auch das Gefühl hatte, dass ich mir dann eine Blöße gebe und ihr irgendwie Macht gebe. Das ist, glaube ich, auch so ein typisches Frauendenken. Die können dann einfach nicht auf die andere zugehen, um die Angelegenheit zu klären, weil das durch so eine blöde Art von Stolz verhindert wird, so nach dem Motto: Wenn die so blöd ist und sich so verhält, dann habe ich es auch nicht nötig zu gehen, sonst könnte die noch denken, ich wäre auf sie angewiesen.

Sarah: Neid und Rivalität ist ja auch, wenn man sich fragt, wieso eine andere bei den Leuten so gut ankommt und man selbst nicht. Und wenn man dann versucht, die andere schlecht zu machen und ihre Fehler in den Vordergrund zu rücken, um selbst besser dazustehen, auch wenn dazu eigentlich gar kein Grund besteht, weil man mit dieser Person gar nicht direkt was zu tun hat. Man hat nur selbst das Gefühl oder den Anspruch, mit der anderen mithalten zu müssen.

Was ist eurer Meinung nach der häufigste Grund für Rivalität?

Rebekka: Freundinnen. Wenn sich zwei Mädchen um eine Freundin streiten. Das kommt bei Mädchen viel öfter vor, als dass sich zwei Jungen um einen Freund zanken.

Sarah: Mit einzelnen Freunden hast du wahrscheinlich Recht, aber oft guckt man ja auch, welchen Freundeskreis der andere hat, und dann ist das bei Jungen genauso. Jungs machen das halt nur anders. Sie machen dann Dinge, um gut anzukommen, um irgendwie mithalten zu können und auch viele Freunde zu haben. Ich glaube, da sind Jungen und Mädchen auch gleich. Alle versuchen, in der Gruppe gut dazustehen.

Julia: Ich denke, bei Mädchen geht das noch eher um diese beste Freundin, wenn zwei die gleiche beste Freundin haben wollen, weil die so cool ist. Und wenn die sich dann für mich als ihre beste Freundin entscheidet, dann bin ich besser angesehen.

Ich glaube, Jungs sind eher bei größeren Sachen eifersüchtig. Bei Frauen fängt das schon bei Kleinigkeiten an.

Sarah: Ich glaube, dass Jungen sich eher schlecht machen, um besser anzukommen, und Mädchen versuchen eher, sich gut darzustellen.

Rebekka: Bei Mädchen sind es auch meistens eher so kleine Sachen. Die hat 'ne bessere Figur, hat bessere Klamotten oder 'nen tolleren Geschmack, schreibt bessere Noten – so was eben.

Was gefällt euch am Umgang zwischen Mädchen?

Katharina: Einfach, dass wir so viel quatschen können über alles Mögliche, dass wir einfach miteinander rumalbern können, dass wir uns dann meistens auf Anhieb verstehen, ganz unverkrampft miteinander umgehen können.

Christine: Wenn es Jungs schlecht geht, dann habe ich das Gefühl, die reden zwar darüber, aber das war's dann auch. Bei Mädels ist das dann eher so, dass man sich mal gegenseitig in den Arm nimmt, und wenn man weiß, der geht's schlecht, versucht man, durch Süßigkeiten oder 'ne Karte ihr 'ne Freude zu machen und sie ein bisschen aufzumuntern.

Und wir können uns auch irgendwie näher kommen.

Ein Beispiel aus dem Leben: Gestern Abend haben Julia und ich zusammen Video geguckt, und ich war so müde und hab mich einfach bei ihr auf den Schoß gelegt. Ich kann mir nicht vorstellen, dass Jungs sich beim Videogucken aneinander kuscheln.

Sarah: Oder Mädchen schlafen zum Beispiel auch zusammen in einem Bett. Also, wenn ich bei meiner Freundin schlafe, schlafen wir immer in einem Bett, weil sie ein breiteres Bett hat, das ist dann auch kein Problem ... das ist ganz unkompliziert.

Oder schön ist auch, dass man so was machen kann, wie beispielsweise sich die Haare gegenseitig färben oder Video gucken und dabei ganz viele Süßigkeiten fressen oder was weiß ich. Das ist total lustig und man hat viel Spaß dabei.

Rebekka: Wenn Mädchen wirklich befreundet sind, dann haben die auch wenig Angst, sich zu blamieren. Wenn Jungs irgendwie miteinander albern sind, dann weiß ich nicht, ob sie sich von dieser Angst, sich zu blamieren, frei-machen können.

Sarah: Mir gefällt zwischen Mädchen auch, dass man gut über Sachen reden kann und dass man dann auch heulen kann, egal, was man macht. Wenn man eine gute Freundin hat, dann versteht die das auch, ohne dass man das erst tausendmal erklären muss. Sie sagt dann einfach nur: „Ich versteh dich", und nimmt mich in den Arm.

Anja: Man kann lachen zusammen, aber auch zusammen weinen. Aber bei Jungs – stellt euch mal vor, einer hat Liebeskummer und weint die ganze Zeit (Gelächter). Ich glaube nicht, dass das jemand macht. Jungs sitzen nicht zusammen und heulen, weil einem von ihnen was passiert ist.

Sarah: Ich glaube, die brauchen das auch nicht so ...

Rebekka: Ich glaube aber auch nicht, dass Jungs so einen festen Freund haben – eher so Kumpel.

Christine: Also, ich hab das bei Jungs auch so erlebt, dass es auch bei denen, die sich als beste Freunde bezeich-nen, nicht so eine entspannte Atmosphäre gibt, wie wenn Frauen miteinander befreundet sind. Wenn ich mich zum Beispiel mit meiner Freundin treffe und wir kochen dann und hören zusammen Musik in der Küche, dann drehen wir manchmal total ab dabei und tanzen oder singen laut mit oder so. Jungs, die befreundet sind, versuchen immer noch, die Fassade zu wahren, nach dem Motto: bloß nicht durch-drehen, bloß nichts Albernes machen.

Julia: Also, für mich ist auch immer ganz wichtig, dass ich bei meinen Freundinnen auch mal blöd sein kann, nicht immer nur ernsthaft, sondern auch total albern. Und hinterher mögen sie mich trotzdem noch.

Sarah: Männer brauchen immer einen Sinn. Frauen können auch mal was machen, das eigentlich keinen Sinn macht, und sie tun es trotzdem.

Ich habe mich sehr gefreut, dass die jungen Frauen hier so deutlich gemacht haben, wonach sie sich sehnen.

Übereinstimmend möchten sie so stehen gelassen werden, wie sie sind. Sie sehnen sich in Beziehungen unter Frauen nach Barmherzigkeit und danach, nicht immer sofort abgeurteilt und bewertet zu werden. Und sie wünschen sich ein unbeschwertes Miteinander, in dem sie ihr Frausein leben und auch genießen können.

Jesus hat für uns den Weg freigemacht, Beziehungen auf diese Weise leben zu können, weil wir durch ihn wieder in Beziehung zu Gott unserem Schöpfer treten und uns von ihm in unserem Wert bestätigen lassen können. So ausgerüstet, können wir Neues wagen und aus den alten Zwängen und Mechanismen aussteigen.

Wir alle, die ganz jungen Frauen wie auch die älteren, haben nun grundsätzlich den Zugang zu befriedigenden, erfüllten Beziehungen untereinander. Deshalb wünsche ich mir von ganzem Herzen und bete, dass dieses Buch Mut macht und auch Lust dazu, sich auf den Weg zu machen, solche Beziehungen zu suchen und letztlich auch zu wagen, sie zu leben. Nur so kann die Atmosphäre unter Frauen wirklich entspannter und gelassener werden.

Stellen Sie sich doch nur einmal vor, es gäbe keine Rivalität mehr unter Frauen, was für Möglichkeiten könnten daraus entstehen, Dinge zu bewegen? Was für eine Chance wäre das für unsere Familien, für die Atmosphäre in Kindergärten und Schulen, in Betrieben und an Supermarktkassen? Stellen Sie sich vor, es gäbe keinen Neid und keine Rivalität unter Frauen!

Antje Balters:

MUT ZUM
NEINSAGEN

Grenzen setzen
ohne Schuldgefühle.

Fühlen Sie sich auch manchmal durch Ihre Freunde, Familie, Kollegen und deren Ansprüche überfordert? Haben Sie häufig den Drang, auch mal Nein zu sagen und Ihren Mitmenschen ganz konsequent zu zeigen, wo Ihre Grenzen liegen?

Dieses Buch möchte Ihnen dabei helfen, sich vor Überforderung zu schützen und Ihre persönlichen Grenzen auf sachliche und verständliche Art klar zu machen. Es geht dabei aber keineswegs um Tipps zum radikalen „Ellbogenverhalten" oder eine plötzliche Totalverweigerung Ihren Mitmenschen gegenüber. Vielmehr finden Sie prägnante Hilfen, wie Sie Ihre eigenen Grenzen ausloten und so vermitteln können, dass sie von anderen wahrgenommen und respektiert werden.

Auf diesem Weg gelangen Sie zu einem ausgewogenen Verhältnis von Nähe und Distanz und erkennen immer deutlicher die „Konturen" der Person, als die Sie geschaffen wurden.

Taschenbuch, 128 Seiten, Bestell-Nr. 815 707

Magdalene Furch:

WENN SEHNSUCHT ZUR SUCHT WIRD

Frei werden von
alltäglichen Abhängigkeiten.

„Hinter jeder Sucht steckt eine irregeleitete Sehnsucht"

Dies ist eine Erfahrung, die die Autorin in ihrer mehr als 30-jährigen Arbeit als Therapeutin gemacht hat. Und weil Sucht in all ihren Facetten mittlerweile zu einem großen Problem unserer Zeit geworden ist, ist es ihr ein dringendes Anliegen, auf deren Hintergründe hinzuweisen und diese aufzudecken.

Darüber hinaus zeigt sie, wie eine Neuorientierung im Leben und eine Hinwendung zum Glauben die tiefsten menschlichen Sehnsüchte stillen kann. Viele Beispiele aus ihrer Arbeit und eine eingehende Erläuterung biblischer Zusammenhänge machen die Thesen der Autorin lebendig und bieten damit jedem Leser praktische Hilfen für das eigene Leben.

Taschenbuch, 128 Seiten, Bestell-Nr. 815 881